Impartición de acciones formativas para el empleo

Isabel María Márquez Pérez

ic editorial

Impartición de acciones formativas para el empleo

1ª Edición

Editado por: IC Editorial
c/ Cueva de Viera, 2, Local 3
Centro Negocios CADI
29200 Antequera (Málaga)
Teléfono: 952 70 60 04
Fax: 952 84 55 03
Correo electrónico: iceditorial@iceditorial.com
Internet: www.iceditorial.com

ISBN: 978-84-1184-354-6
Depósito Legal: MA-2163-2024

Impresión: PODiPrint
Impreso en Andalucía - España

Nota de la editorial: IC Editorial pertenece a Innovación y Cualificación S. L.

Presentación del manual

El **Certificado de Profesionalidad** es el instrumento de acreditación, en el ámbito de la Administración laboral, de las cualificaciones profesionales del Catálogo Nacional de Cualificaciones Profesionales adquiridas a través de procesos formativos o del proceso de reconocimiento de la experiencia laboral y de vías no formales de formación.

El elemento mínimo acreditable es la **Unidad de Competencia.** La suma de las acreditaciones de las unidades de competencia conforma la acreditación de la competencia general.

Una **Unidad de Competencia** se define como una agrupación de tareas productivas específica que realiza el profesional. Las diferentes unidades de competencia de un certificado de profesionalidad conforman la **Competencia General,** definiendo el conjunto de conocimientos y capacidades que permiten el ejercicio de una actividad profesional determinada.

Cada **Unidad de Competencia** lleva asociado un **Módulo Formativo,** donde se describe la formación necesaria para adquirir esa **Unidad de Competencia,** pudiendo dividirse en **Unidades Formativas.**

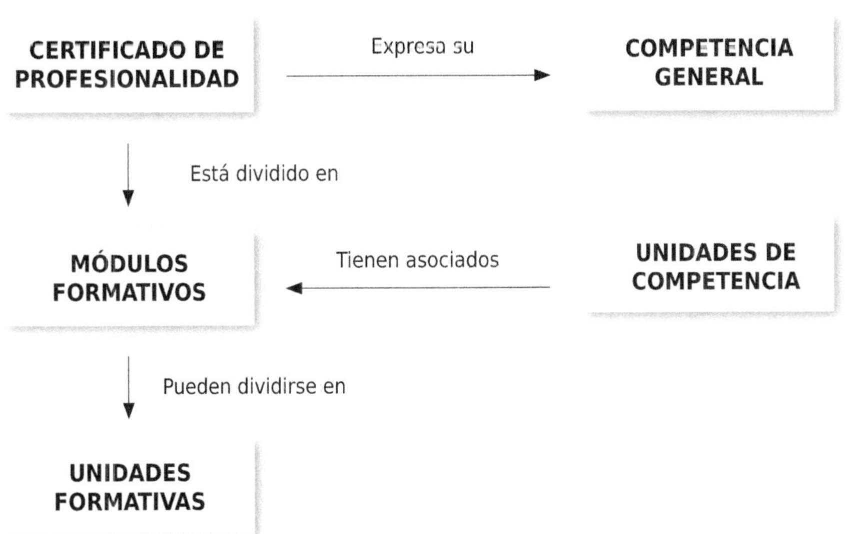

El presente manual desarrolla la Unidad Formativa **UF1645: Impartición de acciones formativas para el empleo,**

perteneciente al Módulo Formativo **MF1444_3: Impartición y tutorización de acciones formativas para el empleo,**

asociado a la unidad de competencia **UC1444_3: Impartir acciones formativas para el empleo,**

del Certificado de Profesionalidad **Habilitación para la docencia en grados A, B y C del sistema de formación profesional.**

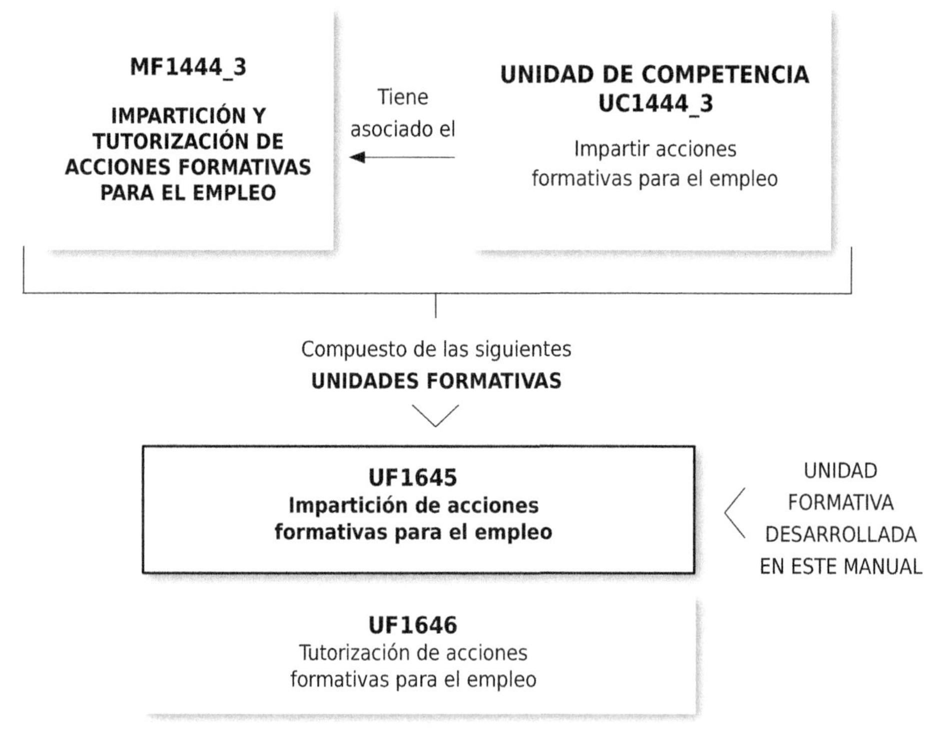

FICHA DE CERTIFICADO DE PROFESIONALIDAD

(SSCE0110) HABILITACIÓN PARA LA DOCENCIA EN GRADOS A, B Y C DEL SISTEMA DE FORMACIÓN PROFESIONAL

(R. D. 1697/2011, de 18 de noviembre, modificado por el R. D. 625/2013, de 2 de agosto)

COMPETENCIA GENERAL: Programar, impartir, tutorizar y evaluar acciones formativas del subsistema de formación profesional para el empleo, elaborando y utilizando materiales, medios y recursos didácticos, orientando sobre los itinerarios formativos y salidas profesionales que ofrece el mercado laboral en su especialidad, promoviendo de forma permanente la calidad de la formación y la actualización didáctica.

Cualificación profesional de referencia	Unidades de competencia		Ocupaciones o puestos de trabajo relacionados
SSC448_3 DOCENCIA DE LA FORMACIÓN PARA EL EMPLEO (R. D. 545/2023, de 27 de junio de 2023)	UC1442_3	Programar acciones formativas para el empleo	• 2329.1010 Formadores de formación no reglada • 2329.1029 Formadores de formación ocupacional no reglada • 2329.1029 Formadores ocupacionales • 2329.1029 Formadores para el empleo • 2321.1034 Formador de formadores • Docentes teleformadores • Docentes de formación profesional para el empleo
	UC1443_3	Gestionar los materiales, medios y recursos didácticos para el desarrollo de contenidos formativos	
	UC1444_3	Impartir acciones formativas para el empleo	
	UC1445_3	Evaluar el proceso de enseñanza-aprendizaje en las acciones formativas para el empleo	
	UC1446_3	Facilitar información y orientación laboral	
	UC2689_3	Tutorizar acciones formativas para el empleo	

Correspondencia con el Catálogo Modular de Formación Profesional		
Módulos certificado	**Unidades formativas**	**Horas**
MF1442_3: Programación didáctica de acciones formativas para el empleo		60
MF1443_3: Selección, elaboración, adaptación y utilización de materiales, medios y recursos didácticos en formación profesional para el empleo		90
MF1444_3: Impartición y tutorización de acciones formativas para el empleo	UF1645: Impartición de acciones formativas para el empleo	70
	UF1646: Tutorización de acciones formativas para el empleo	30
MF1445_3: Evaluación del proceso de enseñanza-aprendizaje en formación profesional para el empleo		60
MF1446_3: Orientación laboral y promoción de la calidad en la formación profesional para el empleo		30
MP0353: Módulo de prácticas profesionales no laborales de Docencia en la formación para el empleo		40

Índice

OBJETIVOS GENERALES

El objetivo general del **Módulo formativo MF1444_2: Impartición y tutorización de acciones formativas para el empleo**, en el que queda integrada la **UF1645: Impartición de acciones formativas para el empleo**, es:

- Impartir acciones formativas para el empleo.

Los objetivos generales de la Unidad Formativa **UF1645: Impartición de acciones formativas para el empleo**, son:

- Establecer condiciones que favorezcan el desarrollo del proceso de aprendizaje para la impartición de acciones formativas.
- Impartir contenidos formativos del programa, utilizando técnicas, estrategias didácticas, recursos y materiales didácticos acordes al tipo de acción formativa con el fin de facilitar la adquisición de las competencias profesionales.
- Proponer, dinamizar y supervisar las actividades de aprendizaje utilizando metodologías activas para fomentar el desarrollo de competencias profesionales y sociales.

Unidad de Aprendizaje 1

Aspectos psicopedagógicos del aprendizaje en formación profesional para el empleo

Contenido

1. Introducción
2. El proceso de enseñanza-aprendizaje en la formación de personas adultas
3. La motivación
4. La comunicación y el proceso de aprendizaje
5. La comunicación a través de las tecnologías de la información: síncrona y asíncrona
6. Resumen

Objetivos

Los objetivos específicos de esta Unidad de Aprendizaje son:

- → Definir estrategias que faciliten el aprendizaje de adultos, previo a la acción formativa.
- → Promover la motivación y la participación activa del alumnado.
- → Usar técnicas de comunicación, aplicables y adaptadas a la acción formativa.

1. Introducción

En la presente unidad de aprendizaje se expondrá un esquema general de los aspectos más importantes en la formación de las personas adultas y todos los factores que influyen en ella.

De este modo, se tratarán las **características** de los procesos de enseñanza-aprendizaje y cómo mejorarlos para aportar una mayor calidad a los contenidos educativos.

Asimismo, se trabajarán los **diferentes aspectos** que hacen de la motivación de estas personas un **factor clave** en el proceso de enseñanza-aprendizaje.

Por último, se van a analizar los diferentes aspectos que influyen en el acto comunicativo y aquellos elementos sobre los que habrá que incidir para la optimización de este proceso.

Con estos contenidos se abordará de una forma **integral** el proceso de enseñanza-aprendizaje y su mejora para la práctica cotidiana con personas adultas.

Para ello, nos basaremos en el caso de la empresa de formación Paideia, que va impartir el certificado profesional **"HOTG0108. Creación y gestión de viajes combinados y eventos";** y cuenta con Julia y Roberto, que tendrán que llevar a cabo su labor docente para que su desarrollo sea un éxito.

2. El proceso de enseñanza-aprendizaje en la formación de personas adultas

HILO CONDUCTOR

La empresa de formación Paideia ya ha completado todo el proceso para obtener la correspondiente acreditación y va a impartir el certificado profesional HOTG0108. Creación y gestión de viajes combinados y eventos. Han llamado

Continúa en página siguiente >>

<< Viene de página anterior

a Roberto para que sea el docente, junto con Julia, de la acción formativa que van a poner en marcha.

Hasta ahora su trabajo como profesor se había desarrollado en colegios e institutos, trabajando siempre con jóvenes. Pero en esta ocasión, sabe que el proceso no será igual que con los jóvenes que normalmente trabaja, por lo que debe preparar la acción formativa de acuerdo a sus características y los factores que intervienen en su aprendizaje.

Bajo la denominación proceso de enseñanza-aprendizaje, realmente se agrupan dos procesos, ambos inevitablemente unidos:

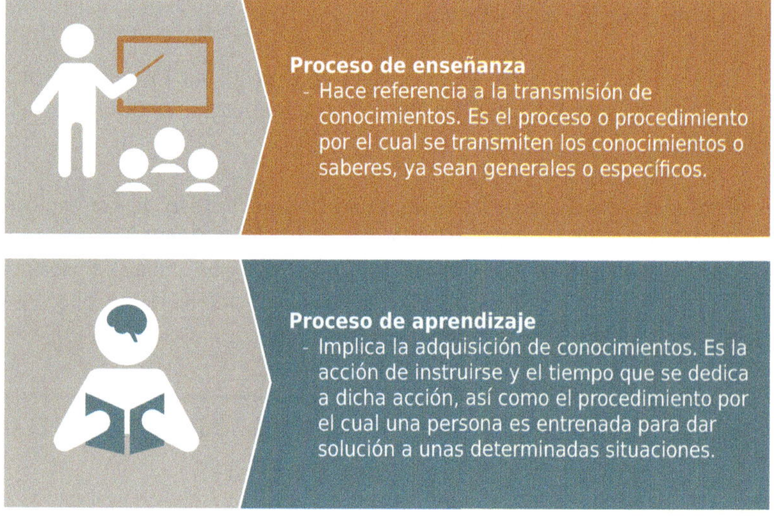

Ahora vamos a analizar la forma en la que tiene lugar este proceso de enseñanza-aprendizaje. En cualquier caso, implica la transmisión y adquisición de conocimientos; no obstante, en personas adultas se produce de forma muy diferente con respecto a los menores. ¿Sabes en qué consisten esas diferencias?

Estas diferencias radican fundamentalmente en las **experiencias de las personas adultas,** que ya tienen un cúmulo de conocimientos y habilidades adquiridos y demostrados, tanto en el trabajo como en su vida cotidiana.

SABÍAS QUE...

Para John Dewey (1938), "toda auténtica educación se efectúa mediante la experiencia".

Los adultos aprenden de manera diferente a los niños o adolescentes, por lo tanto, el proceso de formación será distinto y los formadores deberán adoptar el **rol de facilitadores del aprendizaje,** usando para ello unos mecanismos diferentes.

PARA SABER MÁS

La definición más aceptada de **educación de personas adultas** es la ofrecida por la UNESCO en su XIX Asamblea General celebrada el año 1976 en Nairobi (Kenia). Puedes consultarla accediendo al siguiente enlace:

https://redirectoronline.com/uf16450101

ACTIVIDAD COMPLEMENTARIA

1. Pon un ejemplo de cómo un mismo tipo de conocimiento se transmite de forma diferente a personas adultas o a menores, y determina cuáles son los aspectos propios de la formación de personas adultas.

2.1. El aprendizaje de adultos: objetivos, características y tipos

En relación a la educación de adultos será necesario destacar la **andragogía,** que es la disciplina que se ocupa del estudio de la educación y el aprendizaje en personas adultas.

SABÍAS QUE...

Malcolm S. Knowles (1913-1997) desarrolló la "teoría de andragogía", el arte y la ciencia de ayudar a adultos a aprender. Según él, los adultos necesitan participar activamente en su propio aprendizaje.

Desde la andragogía se orienta el proceso de enseñanza-aprendizaje en base a dos aspectos:

- Todo el proceso debe organizarse y conducirse a través de tareas puntuales, que sean claras y específicas y que permitan al alumnado obtener una idea inmediata de la utilidad de los nuevos conocimientos.
- En el proceso de enseñanza-aprendizaje se deberán incluir actividades y ejemplos de situaciones reales, para que el alumnado pueda relacionarlas con sus experiencias previas y con sus proyectos de vida.

Teniendo en cuenta las premisas anteriores, las **características fundamentales del aprendizaje adulto,** que a diferencia del infantil o juvenil, son las siguientes:

- **Autoconcepto:** el adulto se guía por su propia voluntad, el aprendizaje es autodirigido.
- **Experiencia del adulto:** independientemente de la edad, el adulto ha acumulado gran cantidad de experiencias que se convierten en importantes recursos para el aprendizaje, estas experiencias van a constituir la plataforma desde la que construir aprendizajes significativos.
- **Prisa por aprender:** esta prisa se fundamenta en la necesidad de desarrollar los papeles y responsabilidades sociales: laborales, profesionales, padres, madres, etc.
- **Orientación para el aprendizaje:** las personas adultas tenderán a mantener la orientación centrada en situaciones, problemas, decisiones y mejoras, en lugar de en los contenidos de las materias para el aprendizaje, como es el caso de los niños. Se buscarán, ante todo, conocimientos para

desarrollar las habilidades necesarias para aplicar a diferentes situaciones o problemas cotidianos.

- **Motivación para aprender:** los adultos encontrarán más motivación para aprender en factores internos, tales como la autoestima, reconocimiento de otras personas, mejora en la calidad de vida, etc.
- **Alta disposición hacia el aprendizaje:** una vez han tomado conciencia de la necesidad de involucrarse en el proceso de aprendizaje para dar respuesta a una serie de necesidades e intereses personales.

IMPORTANTE

Se deberán tener en consideración aquellas motivaciones que surgirán del temor o los miedos de las personas adultas, como por ejemplo, el miedo al ridículo. El ser humano suele hacer más por evitar sus miedos que por alcanzar sus deseos y objetivos.

A modo de conclusión se puede afirmar que **los adultos saben lo que quieren y lo que necesitan, y su interés influirá decisivamente en el proceso de enseñanza-aprendizaje.** Como consecuencia de ello, el proceso educativo deberá cumplir y satisfacer las expectativas en él depositadas para que la motivación no se vea afectada, ni se ponga en peligro, y que el proceso se desarrolle en condiciones óptimas.

VÍDEO

La andragogía, desarrollada por Malcom Knowles, es uno de las bases de la enseñanza en personas adultas, y sus fundamentos se aplican, con efectividad, tanto en la enseñanza presencial como en la modalidad virtual. En el siguiente vídeo puedes revisar los principales fundamentos de la andragogía:

Continúa en página siguiente >>

<< Viene de página anterior

https://redirectoronline.com/uf16450110

2.2. Estilos de aprendizaje

HILO CONDUCTOR

Roberto ha tomado nota de todos los factores que influyen en el aprendizaje de las personas adultas, y le ha quedado muy claro que será una tarea difícil.

Por ello, antes de comenzar la impartición, es importante que conozca el punto de partida del alumnado así como sus características y necesidades específicas. Tener presentes los principios generales del aprendizaje en la edad adulta puede ser de utilidad, pero la heterogeneidad y las singularidades de cada participante requerirán un enfoque personalizado.

Junto a las características generales del aprendizaje adulto, hay que tener en cuenta el estilo de aprendizaje de cada persona.

DEFINICIÓN

Estilos de aprendizaje
Son los rasgos cognitivos, afectivos y fisiológicos que sirven como indicadores relativamente estables, de cómo los discentes perciben, interaccionan y responden a sus ambientes de aprendizaje (Alonso, 1994).

Es decir, los tipos de aprendizaje consistirán en las diferentes formas en que el alumnado adquirirá los cocimientos o se instruirá en el proceso de aprendizaje.

En la definición de estilos de aprendizaje se ha partido de tres aspectos o **rasgos que van a determinar el proceso de adquisición de los conocimientos;** estos rasgos hacen referencia a:

Rasgos cognitivos	Rasgos afectivos	Rasgos fisiológicos

- Están referidos a la forma en que cada alumno estructura los contenidos, los forma y usa los conceptos, interpreta la información, resuelve los problemas y los representa (visualmente, por medio del tacto, del oído, etc.).	- Se encuentran vinculados a las motivaciones, intereses y expectativas del alumnado que influyen en el proceso de enseñanza-aprendizaje.	- Relacionados con las características físicas y morfológicas, obtenidas de la estructura corporal del propio alumno, así como de sus biorritmos.

De esa definición y características se desprende, en conclusión, que cada persona va a aprender de una forma propia y diferente, aunque se tengan las mismas motivaciones, nivel de instrucción y edad.

PARA SABER MÁS

En el siguiente cuadro comparativo se muestra una clasificación general de los modelos de aprendizaje propuestos por diferentes autores. Accede al enlace para consultarlo:

Continúa en página siguiente >>

<< Viene de página anterior

https://redirectoronline.com/uf16450102

Los estilos de aprendizaje son los que van a marcar las diferentes formas de acción de los estudiantes ante el aprendizaje y tienen una gran importancia para determinar la **metodología a usar en el proceso de enseñanza-aprendizaje.**

ACTIVIDAD COMPLEMENTARIA

2. Enumera, al menos, un ejemplo de aprendizaje que se pueda encuadrar en el tipo visual, auditivo y kinestésico.

2.3. Identificación de necesidades en la formación de adultos

HILO CONDUCTOR

La empresa en la que Roberto va a impartir la formación ha abierto recientemente una sede en Málaga, y quieren adaptar la acción formativa que están preparando para su impartición en esta zona. Para ello, quieren conocer la oferta formativa que se está ofreciendo actualmente, así como las necesidades de formación existentes en el sector.

Dada las circunstancias, han decidido encargar a Roberto y Julia el estudio de la situación turística y de la oferta formativa relacionada en la zona.

Para establecer el punto de partida de la acción formativa y poder presentar unos contenidos y objetivos realistas y adecuados a los destinatarios, es necesario conocer sus necesidades de formación, sus conocimientos previos, intereses y motivaciones.

Para conocer estos aspectos puede realizarse un **análisis DAFO,** que es un **procedimiento que consiste en analizar los puntos fuertes y débiles** del grupo de participantes y el contexto.

En este análisis se considerarán diversos factores clasificados por categorías, que dan nombre a las siglas utilizadas (DAFO). Para realizarlo correctamente es importante conocer bien esas categorías.

Los términos que se analizarán mediante este procedimiento son:

Análisis Interno	Análisis externo
Debilidad Aspecto negativo de una situación interna y actual.	**Amenaza** Aspecto negativo del entorno exterior y su proyección futura.
Fortaleza Aspecto positivo de una situación interna y actual.	**Oportunidad** Aspecto positivo del entorno exterior y su proyección futura.

Como has observado, mediante el análisis DAFO se consideran tanto las fortalezas como las debilidades, así como el punto de vista interno y el externo, llevándose a cabo un análisis muy completo, de forma que con los datos obtenidos se puedan **identificar y priorizar las necesidades de formación.**

PARA SABER MÁS

Para la detección de necesidades formativas en el mercado laboral o un sector determinado, puede ser de gran ayuda consultar los estudios realizados por el Observatorio de las Ocupaciones del SEPE, así como las disposiciones incluidas en el Capítulo I. Aspectos generales, programación y ejecución de la oferta, de la Ley Orgánica 3/2022, de 31 de marzo, de ordenación e integración de la Formación Profesional. Puedes acceder a esta información pulsando sobre los siguientes enlaces:

Continúa en página siguiente >>

<< Viene de página anterior

Observatorio del Servicio Público de Empleo Estatal

https://redirectoronline.com/uf16450103

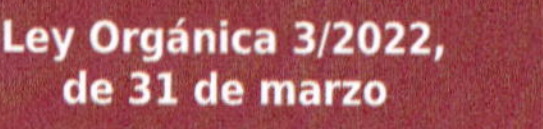

Ley Orgánica 3/2022, de 31 de marzo

https://redirectoronline.com/ud16450104

TAREA 1

Sara inició como alumna un curso de formación de atención al cliente, como medio para mejorar su situación laboral, lleva ya más de tres meses asistiendo al curso y le quedan aún dos meses para concluirlo. Para asistir al curso, Sara, que es la propietaria y única empleada de una tienda de repuestos para el automóvil, debe cerrar su tienda dos veces a la semana media hora antes.

Últimamente está pensando en abandonar el curso, pues en clase solo hace actividades de dinámicas de grupo y autoconocimiento, a las que no encuentra ningún sentido y cree que está perdiendo el tiempo.

En base a esto, localiza los fallos en el proceso de enseñanza-aprendizaje que están llevando a Sara al abandono del mismo.

ACTIVIDAD 1

Juana es una mujer de 65 años que siempre se ha dedicado a la confección, trabajo que le encanta, y ahora que se ha jubilado se siente un poco desanimada, pues no sabe en qué ocupar su tiempo.

Sus hijos viven en el extranjero, por ello, se ha apuntado a un curso de "Internet y herramientas de la web 2.0. Nivel básico". Cree que de este modo, podrá aprender a utilizar herramientas que le permitan comunicarse con ellos de forma más frecuente.

En el curso, las actividades que plantean están orientadas a buscar información en Internet o usar el correo electrónico. Una de las actividades que les han planteado consiste en buscar en internet una receta de cocina que les guste y enviarla a un contacto a través del correo electrónico... y Juana detesta cocinar, por lo que la mayoría de las actividades que le están planteando le resultan pesadas y está perdiendo el interés... además, con el *e-mail* no puede hablar como quisiera con sus hijos, es más inmediato cuando escriben a través del programa de mensajería de su móvil.

¿Qué características del aprendizaje adulto no está teniendo en cuenta el tutor de Juana? ¿Qué solución puede dar a esta situación, para que Juana no pierda el interés?

a. El tutor no está teniendo en cuenta los conocimientos que tiene Juana, por lo que la solución sería preguntarle primero si sabe manejar el ordenador, antes de acceder a internet, y enseñarla, en su caso. Así, organizará las clases de forma que dedique parte de su tiempo a cada alumno, y pueda enseñar de forma personalizada lo que estos necesiten.
b. El tutor no está teniendo en cuenta los sentimientos de Juana, por lo que debe aplicar estrategias para que se tome la jubilación como una oportunidad, en lugar de como lo hace ahora.
c. El tutor está teniendo en cuenta al grupo, que es lo que tiene que hacer, y Juana debe adaptarse a ellos. No debe cambiar nada.
d. El tutor no está teniendo en cuenta la motivación de Juana para realizar el curso, ni las prisas por aprender y aplicar de forma práctica los conocimientos a sus intereses. La solución sería dar al alumnado una visión global de lo que va a ver en el curso, que Juana entienda que se verán otras herramientas para la comunicación, pero que será de forma secuencial. Además, debe adaptar las actividades, orientándolas a los intereses de los participantes.

Continúa en página siguiente >>

<< Viene de página anterior

e. El tutor no está teniendo en cuenta el autoconcepto. El aprendizaje adulto es autodirigido, por lo que debe explicar la teoría de forma básica y general, y dar al alumnado el material y recursos para que ellos los analicen y estudien, y una vez que lo hagan, simplemente proponer que practiquen, realizando las actividades que ellos deseen siempre y cuando usen Internet para ello, de forma que sean los participantes quienes dirijan sus propias acciones de formación.

A continuación, verás de forma práctica cómo se realiza un análisis DAFO, analizando cada uno de los pasos que hay que llevar a cabo.

2.4. El análisis DAFO

HILO CONDUCTOR

Roberto y Julia comienzan a realizar el análisis de la situación. Durante su labor detectan que en la zona hay varias empresas de formación, entre ellas una de gran prestigio; y ellos, aunque la empresa está empezando a experimentar un fuerte crecimiento, aún no son muy conocidos, dada la reciente apertura de su nueva sede... pero sus competidores no ofrecen actualmente formación en esta materia que esté asociada a un certificado profesional.

Además, aunque en la empresa no han trabajado nunca con este tipo de formación (implicando esto algunas carencias de conocimiento por parte de los trabajadores), siempre han realizado su labor de forma eficaz, y contando con profesionales de gran prestigio en cada una de las materias que imparten, y esa siempre ha sido su mejor carta de presentación.

Para realizar el análisis DAFO hay que llevar a cabo diferentes acciones.

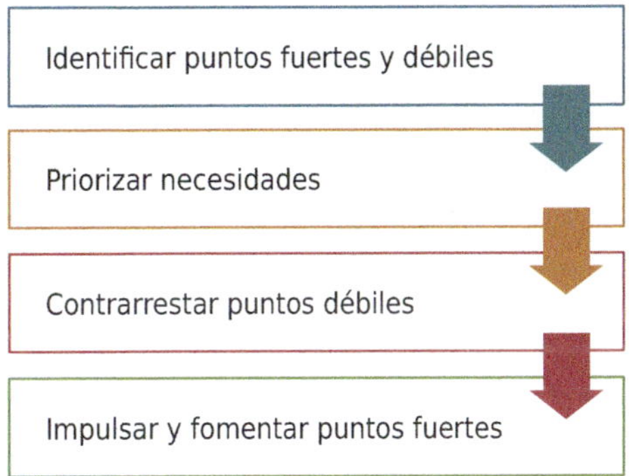

Como has podido observar en el gráfico anterior, en primer lugar deberán **identificarse los puntos fuertes y débiles,** a continuación se presenta un ejemplo en el que podrás observar cómo se lleva a cabo esta identificación.

Supongamos que deben clasificarse diferentes factores detectados en relación al certificado "HOTG0108. Creación y gestión de viajes combinados y eventos" en el que van a trabajar Julia y Roberto. Estos son:

- No existen antecedentes de la empresa en relación al trabajo con este tipo de formación, lo quo implica algunas carencias de conocimiento.
- Competencia en la zona, con una empresa de gran prestigio.
- Siempre cuentan con profesionales de gran prestigio en cada una de las materias que imparten.
- Actualmente, no ofrecen en la zona formación en esta materia que esté asociada a un certificado profesional.
- Desconocimiento de su existencia, dada la reciente presencia en la zona.
- El trabajo realizado en la empresa siempre ha sido muy eficaz.

Al realizar la matriz DAFO, la clasificación de estos factores quedaría del siguiente modo:

Debilidades	Amenazas
- No existen antecedentes de la empresa en relación al trabajo con este tipo de formación, lo que implica algunas carencias de conocimiento.	- Competencia en la zona, con una empresa de gran prestigio. - Desconocimiento de su existencia, dada la reciente presencia en la zona.

Fortalezas	Oportunidades
- El trabajo realizado en la empresa siempre ha sido muy eficaz. - Siempre cuentan con profesionales de gran prestigio en cada una de las materias que imparten.	- Actualmente, no ofrecen en la zona formación en esta materia que esté asociada a un certificado profesional.

Una vez detectadas las necesidades y decididas las acciones a realizar, hay que **priorizarlas.** Las tres necesidades básicas sobre las que se ha decidido actuar en función de las prioridades de la empresa son las siguientes:

1. El primer problema que hay que solucionar es la falta de experiencia a nivel empresarial en relación al trabajo con este tipo de formación. Evidentemente, la experiencia no es algo que se pueda adquirir si no es con la práctica, pero para enfrentarse a este proyecto, es importante asegurarse de que los trabajadores y trabajadoras que participen en él poseen los conocimientos adecuados, lo que implica que deben conocer bien el marco de la Formación Profesional, así como la normativa que le es de aplicación.
2. En segundo lugar, se debe considerar la urgente necesidad de una oferta formativa en la materia que esté asociada a un certificado profesional. Dado que no existe dicha acción formativa, deben conceder gran importancia a este proyecto y dar prioridad al mismo, para cubrir así las necesidades de formación existentes en la zona.
3. Por último, es importante que se den a conocer en la zona, de modo que las acciones desarrolladas tengan el éxito esperado. De nada servirá que se realicen las acciones formativas que sean necesarias, si los posibles

destinatarios de las mismas no conocen su existencia y no puede, por tanto, acceder a ellas.

Tras detectar y priorizar los puntos débiles se continuará con el tercer paso, **contrarrestarlos.** En este caso se podrían adoptar las siguientes soluciones:

- Agilizar el proceso cuanto se pueda dada la urgencia de esta formación, preparando la acción formativa con una calidad excelente en el mínimo tiempo posible.
- Desarrollar acciones internas, encaminadas a la preparación y formación del personal para el nuevo proyecto.
- Desarrollar acciones de *marketing,* consiguiendo que la empresa y su oferta formativa sean conocidas.

Por último, después de tomar las acciones oportunas para contrarrestar los puntos débiles se **impulsarán y fomentarán los puntos fuertes.** Una posible solución para fomentar estos aspectos positivos podría ser la siguiente:

- Dado que la empresa tiene experiencia en el sector y su trabajo es tan eficaz en otro tipo de acciones formativas, se podrían aprovechar las acciones que se llevan a cabo en esos casos siempre y cuando sean aplicables y adecuadas para esta sede y sus circunstancias.
- Por otra parte, dado que una seña de identidad de la empresa es que suelen contar con profesionales de gran prestigio en cada una de las materias que imparten, pueden seguir fomentando este aspecto, que les permitirá dotar de un mayor reconocimiento a las acciones formativas que lleven a cabo.
- Por último, deben aprovechar la oportunidad que tienen de ser los primeros en impartir este certificado, ya que esto repercutirá en su posicionamiento en el sector en esta zona concreta.
- El hecho de que la empresa sea aún desconocida en la zona es una amenaza que se ha detectado, por lo que las acciones de *marketing* no son un aspecto que deban potenciar, sino una acción a llevar a cabo para contrarrestar ese punto débil.

Recuerda que para establecer el punto de partida de la acción formativa es muy importante conocer las necesidades existentes.

Los datos obtenidos del análisis DAFO permitirán identificar y priorizar esas necesidades, planteándose a partir de los mismos las acciones más adecuadas que hay que llevar a cabo para dar respuesta a las necesidades detectadas.

2.5. La evaluación inicial del alumnado

Además de analizar la situación de partida y el contexto, una vez decididas las acciones concretas a implementar, para el diseño del proceso, es necesario conocer bien al alumnado.

Por ello, antes de la acción formativa, se realizará una **evaluación diagnóstica** para conocer el punto de partida del alumnado, nivel de conocimientos respecto al tema tratado, experiencias, características, recursos de la entidad, etc.

EJEMPLO

En un curso de "Inglés de Negocios" se puede realizar un test de nivel antes de comenzar el curso, de modo que se puedan organizar diversos grupos de alumnos adaptando el contenido y tareas a realizar a sus conocimientos previos.

Pero, siguiendo con el ejemplo, la adjudicación del alumnado a un grupo concreto debe ser algo provisional, ya que los factores a tener en cuenta en la evaluación inicial no deben ser solo los meramente académicos, sino que a lo largo del proceso se debe llevar a cabo una observación y evaluación continua.

Para efectuar este diagnóstico, se puede elaborar un **cuestionario** para el alumnado, cuyo análisis posterior permita extraer datos acerca del nivel de conocimientos, experiencias, intereses, etc.

RECUERDA

Antes de comenzar la acción formativa se deben analizar todos los elementos que intervienen en el proceso, con el fin de conocer el punto de partida y realizar las adaptaciones necesarias en aquellos elementos que lo requieran (contenidos, planteamiento de actividades, métodos, etc.).

TAREA 2

Deberás leer atentamente y analizar el siguiente caso:

La costa mediterránea atrae a multitud de turistas para disfrutar del sol y las playas, siendo normalmente el 70 % de las personas que se alojan en el hotel, extranjeros. Pero en los últimos años esta tendencia está cambiando, y está aumentando el número de turistas nacionales, que buscan otro tipo de turismo y actividades de ocio durante su estancia vacacional. En la zona hay una gran cantidad de hoteles con muchos años de experiencia en el sector que se caracterizan por los servicios especializados que ofrecen a los clientes: spa y relax, deportes de aventura, etc. Además, están surgiendo ofertas de ocio innovadoras y novedosas, que se apartan de las tradicionales actividades acuáticas.

El Hotel Costa es un negocio creado recientemente, y los servicios que ofrece son muy generalizados. El personal del hotel, aunque es joven y entusiasta, lleva poco tiempo trabajando en él, ya que es un hotel muy reciente, y el 90 % de ellos proceden de otras ciudades y no conocen bien la zona y el entorno.

El personal de información domina perfectamente varios idiomas y tiene un catálogo con información sobre distintas actividades de ocio, pero no tiene formación en turismo, solo dispone de los datos que les proporcionan en los catálogos.

Se ha detectado que muchas las personas acuden al personal de información preguntando por actividades muy concretas, y el personal carece de esa información, por lo que tienen que hacer lo posible, por sus propios medios, para dar solución y respuesta a las demandas de la clientela.

Por este motivo, desde el departamento de formación quieren poner en marcha acciones formativas que permitan responder mejor a las necesidades de los clientes.

Tras el análisis del mismo, identifica las necesidades de formación en el Hotel Costa, seleccionando el procedimiento que consideres más adecuado.

ACTIVIDAD 2

Va a comenzar un curso sobre "Cómo realizar una presentación efectiva", dirigido a trabajadores en activo del sector comercial.

Antes de comenzar, el docente necesita saber el nivel que tiene el alumnado y cuáles son sus características. Para ello debe:

a. Realizar un análisis DAFO para identificar sus intereses y conocimientos de partida.
b. Realizar un cuestionario inicial al alumnado para identificar sus intereses y conocimientos de partida.
c. Realizar un análisis, pero solo de los aspectos internos, fortalezas y debilidades.
d. Realizar un análisis, pero solo de los aspectos externos, oportunidades y amenazas.
e. No es necesario conocer al alumnado antes de comenzar, lo hará durante el desarrollo de la acción formativa, y como es un proceso abierto, podrá introducir cambios si es necesario.

2.6. Elementos del proceso formativo: alumnado, docente, materia a impartir, métodos, interacción y contexto

Para entender el concepto del proceso formativo será necesario partir de la definición de **educación** en la cual se enmarca dicho proceso, pudiéndose entender esta como el proceso por el cual el ser humano se forma y se define como persona, teniendo en cuenta las diferencias y peculiaridades que se darán en el proceso dependiendo del individuo y la sociedad particular en la que tenga lugar.

Por tanto, se puede entender la educación en un sentido amplio y de **formación integral del individuo,** en el que se incluyen los procesos de enseñanza y aprendizaje.

SABÍAS QUE...

Etimológicamente el término "enseñar" significa señalar algo a alguien. No obstante, no se trata de señalar cualquier cosa, sino de mostrar aquello que se desconoce.

Partiendo de las definiciones de educación, del proceso de enseñanza y el proceso de aprendizaje, se puede extraer en conclusión que el acto educativo va a estar conformado por una serie de **elementos y actores que intervienen** en el mismo.

Los elementos y actores que intervienen en el proceso de enseñanza-aprendizaje son los siguientes:

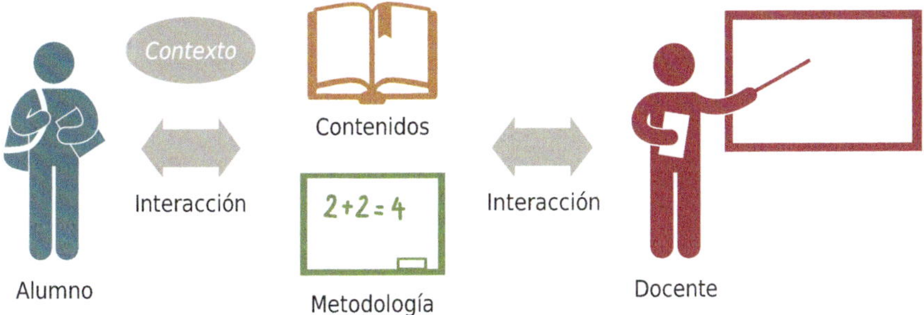

A continuación se explican cada uno de los elementos del esquema:

- **Alumnado:** se corresponde con los receptores del aprendizaje, son los que pueden, quieren y saben aprender, pues en todo proceso educativo deberá existir una predisposición por parte del alumnado, de lo contrario el aprendizaje no se producirá.
- **Contexto:** los actos de enseñar y aprender acontecen en un determinado marco, influenciado por unas condiciones físico-espaciales, sociales y culturales.
- **Interacción educativa:** es el resultado de las situaciones donde los actores del proceso educativo (alumnado y docentes) actúan de forma simultánea y recíproca.

- **Materia a impartir, contenidos:** llamada también elementos curriculares, son los contenidos sobre los que se deberá trabajar y que se deberán transmitir en el proceso de enseñanza-aprendizaje.
- **Métodos:** se pueden entender como los medios y la metodología que se va a usar en el proceso de enseñanza-aprendizaje para facilitar el acto educativo.
- **Docentes:** son los sujetos que conocen la materia, serán los encargados de enseñar. Son las personas que pueden, quieren y saben enseñar.

TAREA 3

Pedro es un docente que desarrolla sus clases de forma "muy tradicional". Una de sus clases se ha desarrollado del siguiente modo:

1. Pedro va a exponer al alumnado el contenido mediante diapositivas.
2. Cuando va a hacerlo, algo falla, así que sale de la clase a pedir "ayuda técnica".
3. Solucionado el imprevisto, Pedro realiza su exposición, pero se acaba el tiempo de clase... así que la da por finalizada para continuar el siguiente día.

En la clase llevada a cabo por Pedro, enumera los elementos que intervienen en el proceso de enseñanza-aprendizaje. ¿Cuáles son y de qué forma intervienen en el proceso?

Para que la clase se desarrollase de forma que todos los elementos interviniesen de forma activa, y adecuadamente en el proceso, ¿qué cambios tendría que introducir Pedro?

ACTIVIDAD 3

Daniel durante el desarrollo de su clase realiza unas exposiciones muy largas y monótonas, en las que no incluye variedad de estímulos, visuales o auditivos.

Continúa en página siguiente >>

<< Viene de página anterior

Tras las mismas, hace un descanso, para después proponer la realización de un ejercicio práctico que el alumnado debe realizar durante el resto de tiempo de clase y entregárselo para su corrección.

¿Qué condicionantes está favoreciendo o limitando el proceso de enseñanza - aprendizaje? ¿Qué rol está desempeñando en ese caso Daniel?

Selecciona las opciones que consideres correctas.

a. Daniel está favoreciendo la memorización, mediante las exposiciones largas, y está representando un rol de orientador en ellas.
b. Daniel está favoreciendo, en parte, la atención y la memoria mediante los descansos, y representa un rol de experto en contenido.
c. Daniel está limitando la atención del alumnado, ya que corta la clase con el descanso. Su rol es de organizador.
d. Daniel está limitando la memoria del alumnado, ya que corta la clase con el descanso y para la práctica no tendrá tan reciente la información. Su rol es de organizador.
e. Daniel está limitando la percepción del alumnado, ya que no incluye variedad de metodologías, actividades y estímulos.

2.7. Funciones del docente y de los agentes implicados en la formación (tutor, administrador, coordinador, entre otros)

HILO CONDUCTOR

Una vez que han analizado la situación y han detectado las necesidades de formación, Roberto y Julia comienzan a adaptar el diseño de las acciones a implementar en el proceso formativo, teniendo en cuenta las características del alumnado y las funciones que deberán desempeñar en la acción formativa.

Para ello, cuentan con la colaboración del equipo de formación de la organización.

En la impartición de las acciones formativas participan una serie de agentes que ocuparán diferentes puestos y funciones, dependiendo de la empresa, organismo o institución que se encargue de llevar a cabo dichas formaciones; los puestos más comunes son los de docente, tutor, administrador y coordinador de las acciones formativas, aunque, dependiendo de la organización, pueden existir otras figuras vinculadas a los procesos formativos.

DEFINICIÓN

Coordinador

Es la persona encargada de coordinar al equipo implicado en el desarrollo de la acción formativa, gestiona y dirige la actividad, para conseguir que el proceso formativo se desarrolle con éxito.

Las funciones del **coordinador** son las siguientes:

- Coordinar las actividades del equipo implicado en el desarrollo de las acciones formativas.
- Coordinar las reuniones del personal para garantizar el buen funcionamiento de las acciones formativas.
- Gestionar la organización de los espacios, tiempos, materiales y equipos.
- Colaborar en la redacción de las programaciones didácticas de las diferentes acciones formativas y su adaptación al currículo formativo.
- Colaborar en las evaluaciones de la actividad docente, de las acciones formativas y del centro u organismo que imparte las acciones formativas.
- Resolver las posibles reclamaciones relacionadas con el departamento.

DEFINICIÓN

Tutor

Es el personal docente cuya misión principal es orientar y guiar al alumnado en todo el proceso formativo. Su objetivo principal es asegurarse de que el alumnado se beneficie, en la mayor medida posible, del proceso de enseñanza-aprendizaje, con la finalidad de lograr los objetivos educativos propuestos. Fomenta la participación, la cohesión grupal y la integración.

Las principales funciones del **tutor** son las siguientes:

- Realizar un seguimiento individualizado del alumnado, conociendo sus intereses, puntos fuertes y puntos débiles.
- Orientar a los tutorizados en el proceso de enseñanza-aprendizaje y en la elección de los itinerarios formativos más apropiados, ofreciendo a su vez orientación sobre las características del mercado laboral.
- Facilitar al alumnado las informaciones precisas sobre las evaluaciones y el proceso de aprendizaje.
- Informar al resto del equipo docente de las características del alumnado y de su evolución en el proceso de enseñanza-aprendizaje, coordinando la evaluación de su grupo con el equipo docente.

DEFINICIÓN

Administrador
Es la persona que se encarga del funcionamiento y la organización de las acciones formativas. Se trata de personal técnico y experto que controla el medio en que se desarrollan las acciones formativas, administra y dinamiza el aula virtual.

Las principales funciones del **administrador** son las siguientes:

- Gestionar las inscripciones y la documentación del alumnado.
- Resolver incidencias relacionadas con el entorno virtual de aprendizaje.
- Colaborar activamente con los tutores dando a conocer y resolviendo las incidencias que se puedan ocasionar durante el proceso de enseñanza-aprendizaje en entornos virtuales.
- Coordinar y hacer seguimiento de la calidad del funcionamiento del sistema.
- Mantener y actualizar la plataforma virtual y las diferentes acciones formativas.

DEFINICIÓN

Docentes
Son las personas encargadas de la impartición de las acciones formativas, deben ser personas expertas en la materia a impartir, además de poseer los conocimientos y herramientas pedagógicas necesarias para guiar el proceso de enseñanza-aprendizaje.

Las funciones de los **docentes** son las siguientes:

- Programar, impartir y evaluar las programaciones didácticas de las acciones formativas, para la adquisición de los contenidos educativos por parte del alumnado.
- Diseñar los objetivos, contenidos, actividades y recursos didácticos, y metodología para el aprendizaje.
- Orientar sobre los itinerarios formativos y salidas profesionales que ofrece el mercado laboral en su especialidad formativa.
- Adaptar las programaciones didácticas a las características del alumnado de las acciones formativas, considerando los diferentes ritmos y estrategias de aprendizaje del alumnado.
- Promover la participación y el intercambio de experiencias entre el alumnado.

2.8. Los activadores del aprendizaje: percepción, atención y memoria

HILO CONDUCTOR

Uno de los aspectos que deben tener en cuenta Roberto y Julia en el proceso formativo, son los factores condicionantes del mismo, que influyen en su desarrollo.

Estos factores pueden suponer una limitación o un impulso para el proceso formativo. Por lo tanto, es fundamental considerarlos durante el diseño de las acciones que se van a realiza, de modo que puedan aprovecharse como facilitadores o, en su defecto, mitigar su impacto negativo.

Antes de analizar los factores condicionantes, es importante tener claros una serie de principios educativos que pueden ser de gran utilidad en el proceso de enseñanza-aprendizaje. Son los siguientes:

No sustitución	Actividad selectiva	Anticipación
- No hacer por el alumnado aquello que pueda hacer por sí mismo (por ejemplo, leer).	- No suplantar actividades mentales superiores (por ejemplo, razonar, comprender) por otras de inferior nivel en la jerarquía (por ejemplo, memorizar).	- El docente deberá anticiparse al alumnado para fomentar el desarrollo de sus aprendizajes, partiendo de aquellos conocimientos que domina para llegar a los objetivos fijados.

NOTA

El principio de anticipación está ligado al concepto de "zona de desarrollo próximo" de Vigostky, en base a la cual, para que se produzcan aprendizajes significativos en el alumnado, se debe partir de los conocimientos y habilidades que dominan, y avanzar a partir de ahí hacia conceptos y habilidades más complejas.

Percepción

La percepción se produce a través de los órganos de los sentidos y consiste en **recibir, elaborar e interpretar la información** proveniente de los estímulos del entorno mediante un proceso nervioso superior.

¿Pero en qué sentido condiciona esto el proceso de enseñanza-aprendizaje?

La forma en la que se seleccionen y organicen los estímulos del ambiente producen experiencias significativas para las personas.

Dentro de la percepción se incluyen los procesos de búsqueda y de procesamiento de la información, esenciales en el proceso de aprendizaje.

IMPORTANTE

La percepción no es para todos igual, pues personas diferentes pueden interpretar los mismos estímulos de formas también diferentes, esto es así por la forma en que cada persona selecciona y organiza la información percibida.

Para analizar de qué forma percibes e interpretas la información, observa esta imagen. **¿Qué ves en ella?**

Imagen de Gestalt

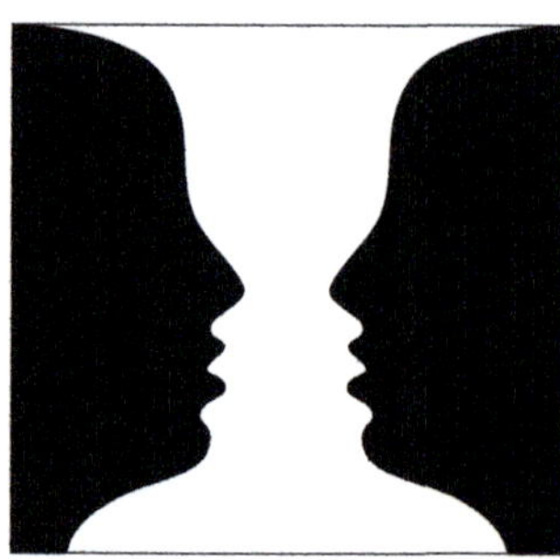

ACTIVIDAD COMPLEMENTARIA

3. Observa la imagen de Gestalt y comparte tus impresiones sobre la misma.

   Busca otras imágenes similares, en las que se muestren juegos de percepción como los que propone la Gestalt.

En este factor, la percepción se basa la **Psicología de la Gestalt,** una corriente psicológica moderna, que afirma que cada elemento puede ser percibido de forma distinta por cada persona, que se va a encontrar influenciada por su experiencia y trayectoria vital.

¿Y cómo puede tener en cuenta esto el docente en el proceso formativo?

- Debe aceptar que no todas las personas van a percibir lo mismo y de la misma forma.
- Conociendo las características del alumnado, los docentes podrán mejorar la percepción, lanzando los estímulos adecuados en cada momento.

Atención

La atención es la **capacidad de centrar la actividad psíquica o pensamiento sobre un determinado estímulo,** en un momento concreto, y constituye un aspecto de la percepción, pues el sujeto se sitúa en una disposición adecuada para percibir adecuadamente un estímulo.

Dentro de la atención se encuentran dos formas diferentes:

Voluntaria	Involuntaria
- La **atención voluntaria** es la que interese en el proceso de enseñanza-aprendizaje y se fija mediante el esfuerzo y la motivación, permaneciendo en este estado a pesar de las posibles interferencias que se puedan producir. La motivación es el elemento predominante en la atención, pues hace que, debido a los hábitos e intereses de una persona, esta se fije más en determinados aspectos y situaciones. Se podrá decir, en consecuencia, que si una persona se encuentra muy motivada hacia un determinado aspecto, el esfuerzo que deberá hacer para prestar atención será mínimo y viceversa.	- La **atención involuntaria** se debe a la gran cantidad de estímulos a los que cotidianamente está expuesta cualquier persona.

¿Qué acciones debe realizar el personal docente para asegurar que este factor influya positivamente y no limite el proceso de enseñanza-aprendizaje?

El docente debe **estimular la atención del alumnado.** Para ello:

- Evitará las exposiciones largas y monótonas, haciendo repasos y repeticiones para fijar los aprendizajes.
- Es conveniente hacer paradas o descansos en la atención del alumnado en una sesión formativa, para ayudarles a relajarse, y después volver a centrar la atención.

- Planificará variedad de metodologías para las sesiones, así como variedad de actividades y ejercicios prácticos.
- Se partirá de lo más simple, próximo y concreto, para ir a conceptos más complejos, remotos y abstractos.

ACTIVIDAD COMPLEMENTARIA

4. Piensa en un ejemplo de cómo la atención puede condicionar, de forma negativa, al proceso de aprendizaje, limitándolo, y extrae tu propia conclusión.

Memoria

Es una compleja función psicológica que consiste en la **capacidad de almacenar y recuperar lo aprendido y vivido.** ¿Sabes cómo se lleva a cabo este proceso?

Para comprenderlo, es necesario saber que existen tres **tipos de memoria** diferentes, en los que tienen lugar diferentes sucesos:

- **Sensorial:** los estímulos provenientes del exterior son captados por los sentidos, los cuales retienen un breve período de tiempo la información relativa a dichos estímulos en la memoria sensorial, en este punto se hace un análisis de la información que es relevante y de la que no lo es.
- **De trabajo, operativa o a corto plazo:** la información que resulta relevante pasa a la memoria a corto plazo u operativa, en esta memoria se retiene durante un breve período de tiempo la información y se vuelve a realizar un análisis de la misma: aquella que se considera importante pasa a la memoria a largo plazo o permanente.
- **Permanente o a largo plazo:** la memoria a largo plazo se diferencia de la memoria a corto plazo en que tiene una capacidad y duración casi ilimitada, así como en la estructura jerárquica que en ella tiene la información retenida.

Se puede concluir que se aprende porque los conocimientos se pasan de la memoria a corto plazo a la memoria a largo plazo, pero no todo lo que pasa por la memoria a corto plazo se aprende; es necesario aplicar **estrategias memorísticas** para que esto suceda.

¿Qué acciones debe realizar el personal docente para asegurar que este factor influya positivamente y no limite el proceso de enseñanza-aprendizaje?

Para **aumentar la memoria,** el docente debe tener en cuenta los siguientes aspectos, aplicándolos en el diseño de contenidos, actividades y en sus actuaciones:

Intensidad	Repetición
- Para memorizar es importante estar concentrados, también es útil usar varios sentidos conjuntamente, como por ejemplo, la vista y el oído.	- Lo que se repite se graba en la memoria con más fuerza.
Asociación	**Descanso**
- Para favorecer la memoria será importante asociar los conceptos con otros, o con emociones o sensaciones.	- Es muy importante descansar para poder recordar, el cerebro tiene una capacidad de memorización limitada.

TAREA 4

En el caso de Daniel, la mayoría de factores y elementos que entran en juego en la acción formativa limitan el desarrollo del proceso formativo, haciendo que su calidad se vea afectada. ¿Qué cambios debe llevar a cabo Daniel para que los factores implicados en el proceso formativo favorezcan el desarrollo de un proceso de calidad? ¿Qué rol y funciones debe desempeñar para que esto sea posible?

3. La motivación

HILO CONDUCTOR

En la acción formativa, el primero de los aspectos que deben abordar Julia y Roberto es la motivación.

Deben conseguir que el alumnado se sienta motivado para realizar la formación y comience con ganas e ilusión, así como aplicar técnicas de motivación

Continúa en página siguiente >>

<< Viene de página anterior

durante el desarrollo de la acción formativa que permitan mantener el interés durante todo el proceso. ¿Qué técnicas serán las más adecuadas dadas las características del grupo?

Se entiende por motivación aquellas **fuerzas que actúan sobre un individuo para iniciar y dirigir su conducta en un determinado sentido.** La motivación se usa también como medida de la intensidad de una conducta, se podría afirmar entonces que una conducta más intensa se debe a una mayor motivación.

La motivación se encuentra relacionada con la **satisfacción de las necesidades,** no obstante las necesidades se podrían resumir en dos tipos básicos:

Necesidades primarias	Necesidades secundarias
- Las necesidades primarias son las centrales, de las cuales va a depender la supervivencia del individuo y de la especie.	- Las necesidades secundarias suelen estar relacionadas con el aspecto del crecimiento personal, en general.

3.1. Elementos: necesidad, acción y objetivo

La motivación se encuentra influida por diferentes elementos que se denominan **variables motivacionales.** En todo momento se puede identificar la motivación con la acción que, impulsada por estas variables motivaciones, llevará a la consecución de los objetivos.

Las variables motivaciones se pueden encontrar relacionadas con lo que se ha denominado anteriormente como necesidades primarias y secundarias:

- Las **necesidades primarias** son las necesidades biológicas o fisiológicas, como los impulsos o la activación:
  - Los **impulsos y la activación** hacen referencia a estados internos del organismo, que se perciben internamente como algo desagradable,

es decir, una necesidad que se debe compensar, como por ejemplo: el hambre, la sed, etc.

- La **activación** está referida al estado o nivel de actividad que tiene el sistema biológico de cada individuo en cada momento.

- Las **necesidades secundarias,** que se denominan variables motivacionales cognitivas, pueden ser las metas u objetivos y las expectativas:

  - Las **expectativas** pueden considerarse como la anticipación cognitiva de la propia capacidad para hacer algo bien, o la anticipación que puede obtenerse sobre el resultado de nuestras acciones.
  - Las **metas u objetivos** se definen como el nivel de rendimiento o la consecuencia que una persona desea obtener con una determinada conducta o acciones. Las metas más motivadoras son aquellas que se definen en base a criterios de especificidad, es decir, son suficientemente concretas para saber si se han cumplido o no; de dificultad, la meta no se debe ver como algo imposible, sino difícil pero abarcable y proximidad, es decir, que no sean demasiado distantes en el tiempo. Además, se debe producir un proceso de *feedback* con el rendimiento del propio sujeto y un elevado nivel de compromiso con la meta (grado en que estas son asumidas como propias).

No obstante, una clasificación más completa de las necesidades del ser humano es la que propone Maslow en su **pirámide de las necesidades.** Esta pirámide muestra de forma gráfica una jerarquía de las mismas donde se relacionan motivos primarios y secundarios.

A continuación, se muestran las necesidades del ser humano que propone este autor:

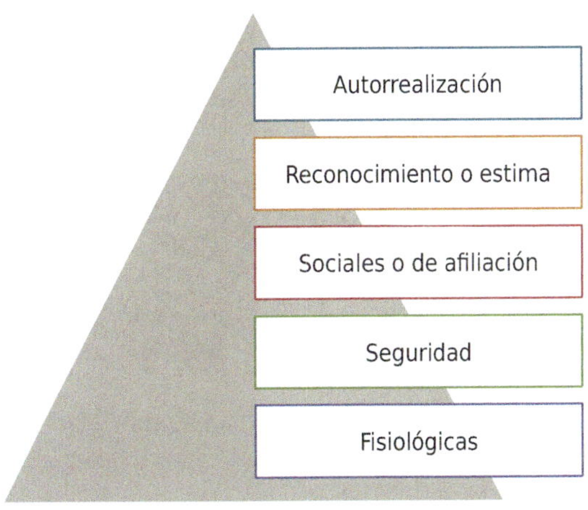

A continuación, se analizarán cada una de estas necesidades:

- **Necesidades fisiológicas:** suponen las necesidades básicas a cubrir para la supervivencia del ser humano.
- **Necesidades de seguridad:** son las que llevan al individuo a protegerse de los peligros, tanto reales como imaginarios. Se basa en la búsqueda de la seguridad y la estabilidad. Como en el caso de las necesidades fisiológicas, esta necesidad de seguridad está altamente relacionada con la supervivencia de las personas.
- **Necesidades sociales o de afiliación:** consisten en necesidades como el amor, la amistad, el afecto, la participación, etc. En general, las necesidades relacionadas con la vida social y de grupo de las personas.
- **Necesidades de reconocimiento o estima:** centradas en la autoestima de los individuos. La satisfacción de estas necesidades lleva a sentimientos de autoconfianza, respeto, reconocimiento, sentirse útil y valorado.
- **Necesidades de autorrealización:** estas necesidades se encuentran en la cima de la pirámide, se relacionan con la realización del propio proyecto vital, desarrollar todo el potencial personal y el talento.

La **teoría de Maslow** propone que una vez satisfechas por parte del individuo las necesidades primarias o fisiológicas (en la base de la pirámide), se desarrollan necesidades y deseos más elevados (según se asciende, necesidades secundarias).

VÍDEO

Abraham Maslow, psicólogo estadounidense de gran prestigio, fue unos de los fundadores de la psicología humanista. Entre sus trabajos teóricos, el más conocido en la "Teoría de las necesidades", relacionada con la motivación, que se aplica no solo al espacio de la enseñanza, sino también, al ámbito del desarrollo social. En el siguiente vídeo puedes visualizar una explicación de su teoría.

https://redirectoronline.com/uf16450111

3.2. La motivación intrínseca

HILO CONDUCTOR

Roberto y Julia están decidiendo qué técnicas serán las más adecuadas dadas las características del grupo y de la situación.

Les ha quedado claro que en las personas adultas la motivación es fundamentalmente intrínseca, pero antes de adentrarse de lleno en el proceso de aprendizaje... quizá les vendría bien algo de motivación extrínseca.

Dentro de la motivación existen diferentes tipos:

Motivación intrínseca	Motivación extrínseca
- Es el estado subjetivo que promueve o mantiene la realización de una actividad por la actividad misma, sin esperar recompensa externa. La propia actividad se convierte en el objetivo de la misma, el individuo va a realizar esta actividad por el simple placer de realizarla. Su importancia radica en que se encuentra asociada a altos logros educativos y disfrute del alumnado.	- Este tipo de motivación está en contraposición al de motivación intrínseca. Mediante la misma el individuo siempre va a buscar un beneficio externo, bien puede ser dinero, comida, etc.

EJEMPLO

Un buen ejemplo de la motivación intrínseca se puede encontrar en los *hobbies*, o en profesiones creativas, como escribir, pintar o componer música, entre otras.

Un buen ejemplo de conducta de motivación extrínseca se puede encontrar en la dedicación al estudio solo por las calificaciones y titulación que se obtendrán, o en las personas que se dedican a sus funciones en el ámbito laboral solo porque cobran un salario todos los meses.

La **motivación intrínseca** presenta una serie de **características,** por las que es especialmente favorable en el desarrollo de los procesos de enseñanza-aprendizaje:

- El individuo se encuentra totalmente concentrado e implicado en la realización de la actividad.
- El elevado nivel de concentración produce en los individuos que se olviden de ellos mismos, supone una pérdida de conciencia del "yo".
- El individuo tiene una elevada sensación de control sobre la actividad y los resultados de la misma.
- Las personas que se encuentran motivadas de forma intrínseca en la realización de una actividad tienen una percepción distorsionada del paso del tiempo, habitualmente parece que el tiempo pasa más deprisa.
- Las personas en este estado se encuentran bien desde un plano emocional, produciéndose sentimientos de satisfacción, alegría, confianza.

ACTIVIDAD COMPLEMENTARIA

5. Analiza el caso de Luis, y decide sobre el tipo de motivación más adecuada.

   Luis trabaja en una empresa como experto en comunicación y marketing, y de forma complementaria, como profesor de Habilidades comunicativas. Recientemente, ha aceptado desarrollar su labor, e impartir formación, para el personal de una empresa de paquetería. Llevan años trabajando en el sector, y recientemente han abierto una nueva oficina en una zona muy activa comercialmente, pero los resultados no están siendo los esperados...

   Dadas las circunstancias, Luis ha realizado un análisis de la situación y las condiciones y características del personal que formará parte de su alumnado, detectando que la atención y comunicación con el cliente deja mucho que desear y que los trabajadores están desmotivados y han perdido todo el interés.

   Teniendo en cuenta la situación de Luis y el grupo de empleados a los que va a formar, ¿qué tipo de motivación crees que sería más adecuada para su motivación inicial?

3.3. Proceso de la conducta motivacional

La motivación se encuentra constituida por todos aquellos factores capaces de mantener y dirigir la conducta hacia unos objetivos determinados.

Destacan, en este ámbito, las ideas del profesor Idalberto Chiavenato, que se pueden extrapolar a la hora de establecer un determinado ciclo o proceso motivacional al ámbito de la impartición de las acciones formativas con personas adultas.

Para este autor, la motivación cumple las siguientes premisas:

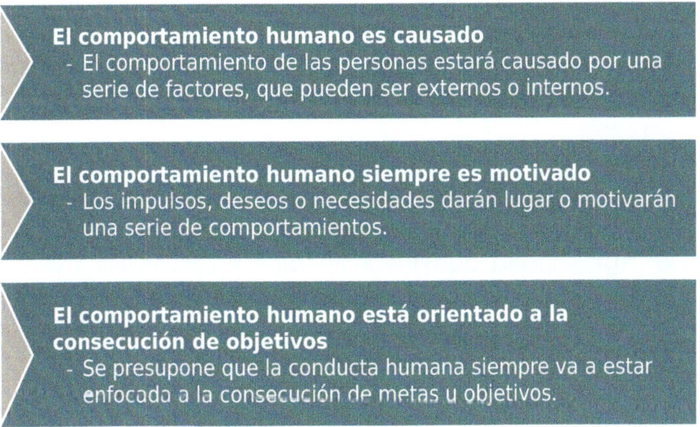

En base a esas tres premisas se podrá establecer un **ciclo motivacional.** A continuación, se muestra un esquema de las fases del ciclo.

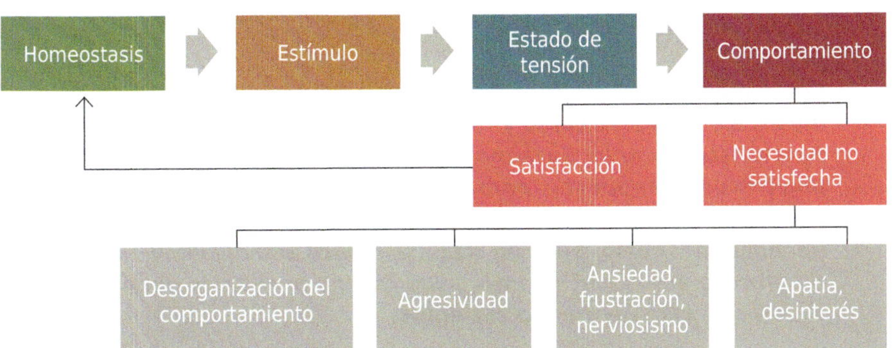

A continuación, se explican los principales elementos del esquema:

- **Homeostasis:** es el momento inicial, en este momento el organismo humano se encuentra en equilibrio.
- **Estímulo:** este momento se define por la aparición de una necesidad, el individuo recibe un estímulo que provocará la aparición de esta necesidad.
- **Estado de tensión:** este estado de tensión se encuentra provocado por la necesidad, que aún está insatisfecha.
- **Comportamiento:** se produce un estado de activación del comportamiento que se dirige a la satisfacción de la necesidad. En este momento aparece un punto de inflexión con dos resultados posibles, satisfacción o necesidad no satisfecha.
- **Satisfacción:** si la necesidad es satisfecha, el organismo retornará al estado de equilibrio inicial.
- **Necesidad no satisfecha:** cuando la necesidad no es satisfecha, o al menos no lo es en un tiempo razonable, pueden aparecer los siguientes estados:

  - **Desorganización del comportamiento:** se puede presentar una conducta ilógica o sin explicación aparente.
  - **Agresividad,** que puede aparecer en forma física, verbal, etc.
  - Reacciones emocionales como **la ansiedad, la frustración o el nerviosismo.**
  - Puede aparecer la **apatía o desinterés.**

APLICACIÓN PRÁCTICA

¿Recuerdas el caso de Sara, la alumna del curso de formación de atención al cliente?

Como medio para mejorar su situación laboral, lleva ya más de tres meses asistiendo al curso y le quedan aún dos meses para concluirlo. Para asistir al curso, Sara, que es la propietaria y única empleada de una tienda de repuestos para el automóvil, debe cerrar su tienda dos veces a la semana media hora antes. Últimamente está pensando en abandonar el curso, pues en clase solo hace actividades de dinámicas de grupo y autoconocimiento, a las que no encuentra ningún sentido y cree que está perdiendo el tiempo.

Continúa en página siguiente >>

<< Viene de página anterior

¿Cuáles son las fases del ciclo motivacional por las que Sara ha pasado?

Solución

- La primera etapa de homeostasis era antes de que Sara comenzase con el curso, cuando se encontraba en equilibrio.
- Estímulo: Sara piensa que para mejorar su situación laboral puede inscribirse al curso.
- Estado de tensión: este estado se produce cuando Sara comienza a asistir a las clases del curso.
- Comportamiento: se está produciendo con la asistencia de Sara dos veces a la semana al curso formativo.
- Apatía o desinterés: ya que la necesidad no está siendo satisfecha, o no lo está siendo en un tiempo suficiente.

3.4. Aplicación de estrategias para motivar al alumnado

HILO CONDUCTOR

Con las técnicas de motivación seleccionadas, Julia y Roberto creen que conseguirán despertar el interés por parte del alumnado durante la impartición de la sesión inicial de la acción formativa, pero tienen claro que con las acciones iniciales no es suficiente, deben estar pendientes de este aspecto durante todo el proceso, motivando al alumnado con cada contenido y actividad del curso.

Roberto será el encargado de la parte presencial. En la siguiente sesión que tendrá que llevar a cabo llegado el momento, sobre protocolo, para hacer la situación lo más real posible en sus clases, Roberto está pensando en plantear una situación en la que se represente un encuentro con un alto cargo diplomático del gobierno de otro país. ¿Conseguirá con esta actividad mantener y fomentar la motivación del alumnado en este caso?

En el estudio de la motivación será necesario atender a los conceptos de **conflicto motivacional y frustración,** pues la mejor forma de hacer frente a estos procesos será comprender los mecanismos que los desarrollan para poder hacerles frente.

Las estrategias para lograr evitar los posibles conflictos y frustración van a pasar por tratar de **fomentar la motivación** en el alumnado; estos procedimientos se pueden agrupar en varios grupos:

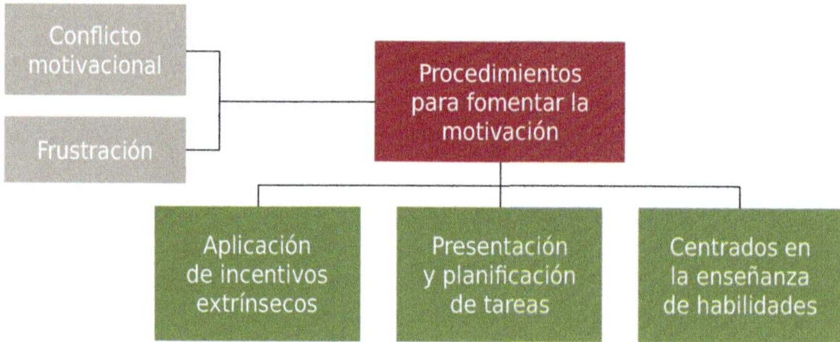

A continuación, se explican los principales elementos del esquema:

- El **conflicto motivacional** se pude definir como la existencia de dos o más respuestas tendentes a la consecución de objetivos, de la misma intensidad, e incompatibles entre sí. Es decir, el deber de elegir entre dos opciones ante la imposibilidad de conseguir los dos objetivos al mismo tiempo, esta situación va a generar tensión en la persona que va a provocar vacilación, cansancio y estrés.
  Ejemplo: Ana siempre quiso estudiar arquitectura técnica, pero debido a la crisis económica, este sector presenta un alto nivel de desempleo. Los padres de Ana le insisten para que estudie informática, ya que piensan que tiene más salidas profesionales, a Ana se le puede presentar un conflicto motivacional debido a que solo podrá elegir entre una de las dos opciones.
- La **frustración** es un estado motivacional que se identifica cuando el cumplimiento de una necesidad se ve impedida o bloqueada por algún obstáculo. La frustración hace que el estado emocional de la persona se torne negativo, produciéndose emociones de tensión, enfado e, incluso, agresividad.
  Ejemplo: podría ocurrir que Ana al fin se decidiera por estudiar arquitectura técnica, terminara sus estudios y se centrara en buscar un empleo. Sin embargo, si tras un largo período de tiempo en esta búsqueda no consiguiera trabajo en su profesión, podrían producirse en ella sentimientos de frustración por no lograr el empleo deseado.
- **Aplicación de incentivos extrínsecos:** estos procedimientos se suelen llevar a cabo al inicio del proceso de enseñanza-aprendizaje, hasta que el alumnado adquiera el grado de compromiso adecuado con la actividad y posteriormente se van retirando estos incentivos extrínsecos.

- **Presentación y planificación de las tareas:** se centran en fomentar la participación en la toma de decisiones en el proceso de enseñanza-aprendizaje, incluir variedad y novedad en las actividades a realizar, evitando la rutina o el aburrimiento, establecer objetivos y metas a corto plazo en el proceso y potenciar el grado de compromiso del alumnado con la tarea a realizar.
- **Centrados en la enseñanza de habilidades:** estos procedimientos se centrarán en mostrar al alumnado la habilidad a conseguir y, posteriormente, proponerle el desarrollo de la habilidad en cuestión, proporcionando al alumnado la adecuada información para evitar que se produzcan errores o que estos se repitan.

Los procedimientos que se han visto **permitirán prevenir y evitar los posibles conflictos y la frustración,** pero dentro de ellos, para el caso de las personas adultas hay que destacar especialmente la **presentación y planificación de tareas.**

Dentro de la planificación de las tareas, **debe tenerse en cuenta la realidad laboral** del alumnado, de forma que las tareas que se planteen sean lo más prácticas y realistas posibles, dando solución a situaciones que se presenten de forma frecuente en el trabajo.

EJEMPLO

Respecto al protocolo, Roberto plantea una situación real, pero es algo ajeno al alumnado, por lo que para que estos le vean una verdadera utilidad y sea significativa para ellos, tendría que adaptarla, y presentar la situación en el contexto en el que están, el sector turístico, que concretamente en el índice de contenidos trata el protocolo en restauración.

ACTIVIDAD 4

Antonio trabaja en un concesionario y está realizando un curso de "Inglés, atención al cliente". Su tutor propone una actividad en la que, para practicar la expresión oral, deben simular en el aula, en parejas, una situación de atención al cliente en un restaurante...

Continúa en página siguiente >>

<< *Viene de página anterior*

Antonio y su compañero en la actividad, que trabaja en una tienda de venta de telefonía, no se sienten motivados ante esta actividad, por lo que no le dedican el tiempo suficiente a su realización, y la hacen de forma rápida e incorrecta. ¿Qué error ha cometido el docente para llegar a esta situación de desinterés por parte del alumnado?

a. No debe plantear prácticas grupales de forma obligatoria, ese ha sido su error, pues si el alumnado se ve obligado a intervenir sin dominar la materia se verá cohibido y perderá el interés.
b. Su error ha sido no dar retroalimentación al grupo, por lo que no saben si están llevando a cabo la tarea de forma correcta o no.
c. El error cometido es que no ha tenido en cuenta la realidad laboral del alumnado, de modo que no se sienten identificados con la situación.
d. Basarse solo en la práctica es un error, es importante tener una base de vocabulario para realizarla.
e. El error cometido es que no ha considerado la actividad como evaluable, de ser así y tener supervisión por su parte se hubiesen esforzado más.

TAREA 5

Roberto está impartiendo una acción formativa en la que se trata el tema del protocolo en restauración en una de las sesiones.

Como tarea, ha planteado una situación en la que se representa un encuentro con un alto cargo diplomático del gobierno de otro país. Aunque plantea una situación real, es algo ajeno al alumnado, que trabaja en el sector del turismo y la restauración. Para que perciban su verdadera utilidad y sea significativa, es necesario adaptar el escenario a su contexto laboral específico. En este caso, sería conveniente adaptar la situación a su contexto, el sector turístico, enfocándose en el protocolo en restauración.

Dado que la tarea sobre protocolo que ha planteado Roberto no es adecuada para su alumnado, ¿qué tarea podría plantear? Ayuda a Roberto a elaborarla.

3.5. Cómo afrontar los problemas de motivación en el alumnado

HILO CONDUCTOR

Todas las tareas y contenidos están ya adaptados al alumnado, así que Julia y Roberto ya pueden comenzar a impartir el certificado “HOTG0108. Creación y gestión de viajes combinados y eventos”, por lo que establecen su comienzo para dentro de una semana.

Pero el tema de la motivación les sigue preocupando, por lo que durante esa semana se dedicarán a preparar el Plan de Acción Tutorial, en el cual se debe contemplar este aspecto.

Además de intentar fomentar la motivación y prevenir la posible frustración del alumnado, es importante tener previstas una serie de actuaciones que permitan intervenir, en caso de necesidad, en una situación concreta en la que la motivación se vea afectada.

Para ello, se diseñarán una serie de **estrategias que se incluirán en el Plan de Acción Tutorial.** Algunas de las estrategias que se pueden utilizar son las siguientes:

- **Motivación por consecuencias:** consiste en recordar al alumnado lo que ocurrirá con el desarrollo de la acción formativa, o en su caso, qué pasará si no tiene éxito. Siempre con entusiasmo y positivismo.
  Ejemplo: un trabajador del sector transporte, conductor de autobuses, está realizando un curso para obtener el Certificado de Aptitud Profesional (CAP), ya que con el Real Decreto 284/2021, es obligatorio: “Ánimo, que ya estás a mitad de curso. Ya que has conseguido llegar hasta aquí, inténtalo. Si no lo finalizas, no podrás seguir conduciendo el autobús”.
- **Motivación por acercamiento a la realidad:** consiste en recordar al alumnado las razones por las que quiso realizar el curso, los motivos que despertaron su interés por el mismo y la necesidad que tenía de esta formación.
- **Motivación por instrucción:** consiste en dar unas pautas claras al alumnado sobre lo que debe hacer, una secuencia de acciones y tareas a realizar, de modo que al ir dando cada paso, va avanzando para llegar al final y dándose cuenta de ello.
- **Motivación a corto y largo plazo:** consiste en establecer objetivos y metas a corto y largo plazo, de este modo, el alumnado orientará sus acciones a la consecución de las mismas. Es recomendable que el alumnado participe en el proceso de establecimiento de objetivos, tomando las de-

cisiones de forma conjunta, así se sentirán responsables de su decisión y los resultados.

- **Motivación por reforzamiento:** es importante demostrar el interés por el progreso del alumnado, reconociendo y reforzando sus avances, logros y esfuerzos, centrándose siempre en sus fortalezas.
- **Motivación grupal:** el fomento de la participación y colaboración, haciendo que se establezca un debate interesante y activo, hará que el alumnado se sienta motivado e influenciado por el resto de compañeros para ser parte integrante de ese equipo, incrementándose su interés por la acción formativa.

TAREA 6

María es una alumna que se ha apuntado a un curso de "Metodología didáctica", y el motivo por el que quiere realizarlo es que necesita la titulación para poder participar en un proyecto que va a presentar su empresa, ya que el organismo público al que va dirigido lo requiere. Ante la falta de motivación e interés por parte de María, ¿qué técnica de motivación sería la más adecuada en este caso? ¿De qué forma la aplicarías?

4. La comunicación y el proceso de aprendizaje

HILO CONDUCTOR

Uno de los módulos que cuenta con sesiones presenciales es el "MF1057_2. Inglés profesional para turismo".

Para desarrollarlo, Roberto y Julia coinciden en que tendrán que poner en práctica todo lo referente al desarrollo de un correcto proceso de comunicación, ya que igual que para el desempeño laboral, la comunicación también es muy importante en los procesos de enseñanza-aprendizaje.

La comunicación es un proceso que se da en todo momento a lo largo de la vida, consiste en el intercambio de mensajes, verbales o no, entre dos o más personas.

La comunicación en todas sus formas precisa los siguientes **elementos:**

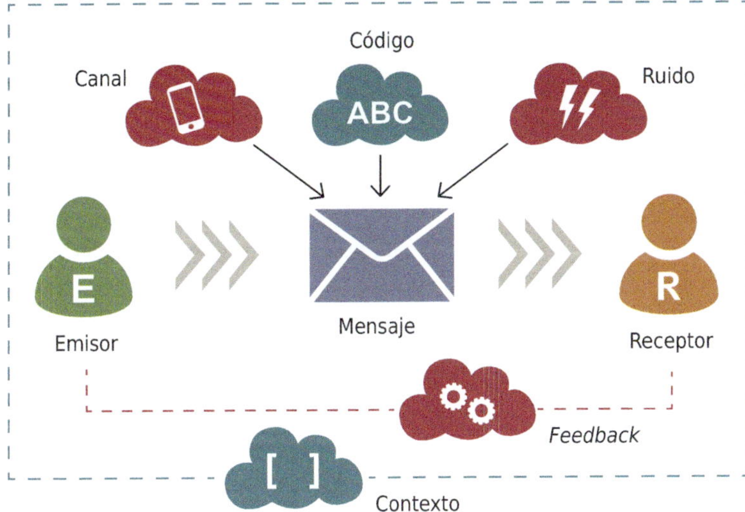

A continuación, se definen cada uno de los elementos del esquema:

- **Emisor:** es la persona que transmite el mensaje, es decir, quien envía información a su interlocutor.
- **Mensaje:** es la idea o información que transmite el emisor al receptor, es decir, es el contenido de la comunicación.
- **Receptor:** es el que recibe la información que proviene del emisor, es decir, al que va dirigido el mensaje.
- **Canal:** es el medio a través del cual se envía el mensaje. Puede ser de muchos tipos y varía en función del modo de comunicación. Algunos ejemplos de canal podrían ser el teléfono, Internet, el aire, etc.
- **Código:** conjunto de signos usados para la composición de un mensaje. Estos signos pueden ser verbales (escritos o no) y no verbales.
- **Ruido, barreras o distorsiones:** son todas las alteraciones o perturbaciones que se producen durante la transmisión del mensaje. Se pueden dar en cualquiera de sus elementos.
- ***Feedback* o retroalimentación:** es condición necesaria para que se produzca el proceso comunicativo. Indica si el contenido ha sido recibido y el grado de aceptación. Si no existe, no habrá comunicación, sino que solo se producirá transmisión de información.
- **Contexto:** es la situación particular del ambiente donde se desarrolla la comunicación. Constituye todo el entorno en el que se produce la comunicación.

Sin embargo, no es necesario que el receptor esté presente ni sea consciente del intento comunicativo por parte del emisor para que el acto de comunicación se realice.

EJEMPLO

En un curso en modalidad virtual, el docente envía un correo a un alumno durante su labor de seguimiento. En este caso, el alumno no es consciente de que el docente quiere comunicarse con él, ni lo hará hasta acceder al correo.

En la **relación interpersonal** que se establece entre el docente y el alumnado se transmiten ideas, opiniones, etc., pero también sentimientos y emociones, todo ello determinante en el proceso comunicativo.

4.1. El proceso de comunicación didáctica: elementos

HILO CONDUCTOR

Roberto observa que el interés del alumnado va aumentando, pero que no demuestran el mismo interés cuando se trata la parte más teórica, a pesar de que necesitan esta base para poder llevar a cabo una buena práctica. Además, observa que en el aula virtual parecen no tener nunca dudas y en la clase presencial, en la que deberían dedicarse a la práctica, emplean gran parte del tiempo en la resolución de las mismas, dejando en muchas ocasiones la práctica incompleta, así que el equipo se reúne para dar solución a este problema y fomentar un mayor uso del aula virtual e interés en la misma por parte del alumnado.

Para ello, deciden explicar al alumnado cuál es su idea, aplicar el modelo de "Clase al revés" o "Flipped Classroom". Tras haber sido consensuado con el alumnado, están de acuerdo. Parecen haber comprendido la importancia del aula virtual y de aprovechar las sesiones presenciales para llevar a cabo la práctica... ¿será realmente posible un cambio de actitud por su parte una vez comenzado el curso?

Con el uso adecuado del aula virtual, el alumnado podrá adquirir el conocimiento que necesita llevar a la práctica, quedando claros todos los aspectos y dudas que le puedan surgir mediante el proceso de comunicación que se desarrolla en el contexto en el que se encuentran.

En cualquier caso, debe establecerse siempre una **comunicación didáctica,** que es aquel tipo de comunicación dirigida a modificar los conocimientos, habilidades y actitudes del alumnado.

NOTA

Todo proceso de enseñanza-aprendizaje incluye un proceso de comunicación.

Existen multitud de estudios relacionados con el proceso comunicativo en el proceso de enseñanza-aprendizaje, no obstante, en casi todos ellos destaca el hecho de que **los elementos o componentes de la comunicación didáctica** son los siguientes:

Contexto
- Contexto en el que se desarrolla el proceso de enseñanza-aprendizaje, va a influir de forma definitiva en todo el proceso.

Emisor
- Normalmente es el docente, le son atribuidas las funciones de integración y evaluación de la información, es la persona encargada de seleccionarla, ordenarla, codificarla y presentarla. Mientras más códigos use en la presentación de dicha información, más fácilmente y de forma entendible llegará esta al alumnado. Será también emisor el alumnado, cuando emita información sobre la información recibida, su procesamiento e internalización, esto servirá de base para nuevos mensajes docentes.

Continúa en página siguiente >>

<< Viene de página anterior

Mensaje didáctico

- Se encontrará determinado por la intencionalidad educativa del docente y los objetivos didácticos recogidos en el programa formativo.
- Nota: en el mensaje didáctico destaca la importancia del lenguaje empleado y las peculiaridades que este lenguaje tiene en el ámbito educativo. El lenguaje didáctico podrá ser de tres tipos: verbal, no verbal y paraverbal.

Receptor

- Suele ser el discente o alumnado, es el destinatario de la comunicación didáctica, a él deben subordinarse los demás elementos de la comunicación didáctica. Será el encargado de recibir la información, decodificarla y procesarla. El docente será también receptor cuando reciba por parte del alumnado retroalimentación sobre la información recibida, su procesamiento e internalización, esto servirá de base para nuevos mensajes docentes.

ACTIVIDAD 5

Durante el desarrollo de una clase presencial, el proceso de comunicación entre los participantes se desarrolla de este modo:

- El docente explica un concepto al alumnado.
- Un alumno pregunta al docente por un caso concreto que tiene lugar en la realidad, ya que no consigue visualizar lo que les está explicando.
- El docente pone un ejemplo.
- El alumno manifiesta que ya lo ha comprendido, y pone otro ejemplo en el que se aplica ese concepto.
- El docente confirma que así es, que el ejemplo es correcto y lo ha entendido perfectamente.

Identifica los componentes que intervienen en este proceso de comunicación.

Selecciona las opciones que consideres correctas.

a. El emisor es el docente.

Continúa en página siguiente >>

<< *Viene de página anterior*

b. El emisor es el alumnado y el mensaje la información transmitida sobre la materia, de forma bidireccional.
c. El docente es el receptor.
d. El alumnado es el receptor.
e. El mensaje transmitido de forma implícita por el alumno es que la explicación del profesor no es buena.

4.2. La comunicación didáctica en entornos virtuales

HILO CONDUCTOR

Tras hablar con el equipo de formación de la empresa, comienzan a preparar las acciones de dinamización que llevarán a cabo dentro del aula virtual y su "Flipped Classroom", que consiste en programar para el aula las actividades más activas, la parte práctica, y dejar para casa las actividades menos activas, en las que el alumnado tome contacto con la base teórica de contenido, necesaria para llevar a cabo la práctica.

Para que el alumnado dedique las sesiones presenciales exclusivamente a la práctica y no la utilicen, como estaba ocurriendo, como una sesión de resolución de dudas, sin dejar tiempo para la práctica, el proceso que se desarrollará en el aula virtual tiene que estar muy bien diseñado...

¿Pero qué ocurre con la comunicación en los entornos virtuales de formación? ¿El proceso se produce del mismo modo?

Los elementos del proceso de comunicación didáctica se van a modificar sustancialmente con el uso de estos entornos, debido fundamentalmente a la modificación que se produce en el flujo de la información. Sus **características** son las siguientes:

- **El alumnado interacciona directamente y sin intermediarios** con la información, deja de tener una actitud pasiva hacia la misma y se torna en elemento activo del proceso.

- El alumnado que se conecta *online* pasa a ser el **diseñador** de su propio aprendizaje y determinará la importancia o relevancia de la información a la que está accediendo.
- La **estructura del mensaje** se modifica sustancialmente, pues en un mismo documento se puede integrar texto, imagen y sonido.
- El alumnado **dirige los tiempos** que pasa en cada uno de los bloques de contenido, por los que, además, puede navegar con libertad.

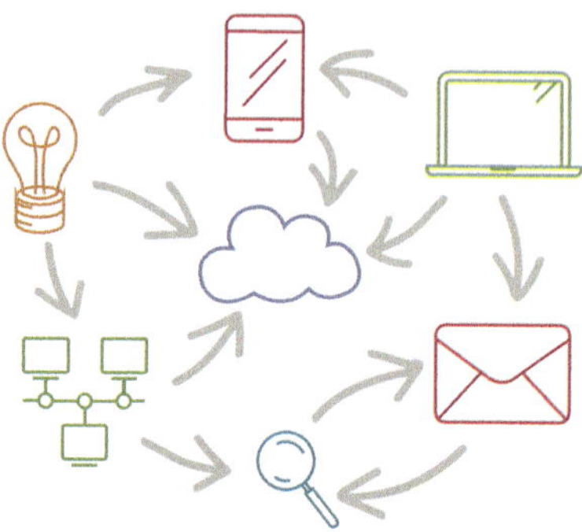

La comunicación que se desarrolla en entornos virtuales es multidireccional, entre docente, alumnado, contenido, recursos, medios.

La comunicación didáctica se caracteriza por la **relación entre el alumnado y los docentes,** con el objetivo de optimizar el proceso de enseñanza-aprendizaje. Si la relación del docente y alumno es la adecuada, el trabajo del docente se desarrollará de forma eficiente y las incidencias se solventarán de forma favorable, por lo tanto, una relación positiva entre docentes y alumnado será determinante para la efectividad en el proceso de aprendizaje.

PARA SABER MÁS

Observa en los siguientes enlaces, un ejemplo de cómo se desarrolla la *Flipped Classroom* y algunas ideas sobre cómo aplicar esta metodología en la formación de adultos:

Continúa en página siguiente >>

<< Viene de página anterior

Metodología *Flipped Classroom*. Manipulación de contenidos con Ipads	*Flipped Classroom* en formación de adultos

https://redirectoronline.com/ud16450106	*https://redirectoronline.com/uf16450107*

TAREA 7

En un curso en modalidad virtual, el docente ha planteado varias tareas en el foro, y ha pedido al alumnado mediante correo electrónico que participe en ellas, e intervenga en los foros, pero por más que lo dice... el alumnado no se anima a participar, y ni siquiera contesta a sus correos. Simplemente se dedican a ver el contenido, hacer la prueba de evaluación y entregar las actividades evaluativas. ¿Qué falla en el proceso de comunicación?

Identifica los distintos componentes del proceso y cómo están actuando en el mismo, e indica las mejoras que se podrían aplicar al proceso.

4.3. Tipos de comunicación: verbal, no verbal y escrita

HILO CONDUCTOR

Para poder corregir la situación que tiene lugar, y aprovechando la aparente disposición del alumnado, Julia y Roberto deciden hacer hincapié en la parte del

Continúa en página siguiente >>

<< Viene de página anterior

contenido referente a la comunicación que han visto en el curso durante el desarrollo de la UF0076, e ir aplicando y analizando las diferentes actuaciones, de forma conjunta con el alumnado, durante todo el proceso de enseñanza-aprendizaje.

Esto permitirá además, fomentar la interacción y participación en el grupo.

El **lenguaje** (en cualquiera de sus expresiones) como medio por el cual se transmite el mensaje didáctico va a resultar fundamental para conocer y mejorar la práctica del proceso de enseñanza-aprendizaje. Así, la comunicación podrá ser de tres tipos:

Comunicación verbal

La comunicación verbal es aquella que se produce mediante el uso del verbo o la palabra. Se puede clasificar en dos tipos diferentes: **oral y escrita.**

No obstante, existen una serie de elementos a tener en cuenta en la comunicación verbal en cualquiera de sus dos formas:

- El uso de construcciones gramaticales correctas.
- Uso de un vocabulario amplio y adecuado, empleando la palabra precisa en cada momento.
- Uso de ejemplos.

Comunicación oral

Es aquella en la que se produce el intercambio de información entre las personas sin hacer uso de escritura, signos, gestos o señales, sino con el uso exclusivo de la voz como vehículo trasmisor de la comunicación. Tiene como medio de transmisión el aire y como código un determinado idioma. La forma más elemental de comunicación oral se produce cuando se interactúa de forma individual, personal y directa, produciéndose el intercambio de información a través del diálogo.

Las particularidades del lenguaje oral requieren que para una buena expresión oral se tengan en cuenta los siguientes aspectos:

- La concreción de ideas, huyendo de los discursos largos y redundantes.
- La adecuación del tono de voz al momento, las circunstancias y el contenido a explicar.
- Mantener un proceso de *feedback* con el oyente, de manera que se tenga la certeza de que se está entendiendo a medida que se oye.
- El uso de palabras exactas y precisas para cada elemento.

Comunicación escrita

Es una forma de comunicación sustitutiva de la comunicación oral, pero estrechamente ligada a ella. El empleo de esta comunicación supone un aprendizaje suplementario por parte del individuo, pues debe conocer un sistema de escritura con sus correspondientes normas gramaticales. En este tipo de comunicación, la interacción entre el emisor y el receptor no es inmediata e incluso puede que no se llegue a producir nunca.

NOTA

La comunicación escrita aumenta las posibilidades de expresión y de complejidad gramatical, sintáctica y léxica con respecto a la comunicación oral.

En cuanto a la comunicación escrita, se deberán tener en consideración los siguientes aspectos:

- La redacción ha de ser clara y sencilla para que el mensaje sea comprensible.
- Se deberán expresar el máximo número de ideas con el mínimo de palabras; el mensaje ha de ser breve.
- Se ha de usar un lenguaje directo y sin rodeos para facilitar la comprensión de los argumentos.
- En todo momento se han de utilizar unas normas gramaticales y ortográficas correctas y apropiadas.
- No se deben dejar mensajes incompletos, el mensaje ha de ser total y completo.

- En la medida de lo posible, y si las circunstancias así lo requieren, el texto ha de ser original.

Comunicación no verbal

Se cree que este tipo de comunicación fue la primera en producirse en los seres humanos, pues consiste en la comunicación mediante gestos o símbolos, es decir, se envía y recibe el mensaje sin palabras, sin estructura semántica. Habitualmente, la comunicación no verbal se usa como apoyo a la información verbal, mediante gestos, sonrisas, etc., aunque también puede emplearse para contradecir la comunicación verbal, como sustitución de los mensajes verbales o para regular los procesos de los actos comunicativos.

NOTA

El principal origen de la comunicación no verbal está en el propio cuerpo humano; el cuerpo humano comunica a través de gestos, posturas, expresiones faciales, etc. No obstante, se añaden también otros elementos como pueden ser la forma de vestir o la forma de andar, entre otros, que también comunican de forma no verbal.

Manifestaciones

Algunas formas de comunicación no verbal son las siguientes:

- **La cara o expresiones faciales:** es el origen de la mayor fuente de comunicaciones no verbales, a través de ella se reflejan los estados emocionales o actitudes interpersonales, ya que además, proporciona retroalimentación sobre la comunicación que se produce. Además, mediante los gestos con el rostro se refuerzan las comunicaciones verbales.
- **La mirada:** traduce los pensamientos y las emociones, aunque depende en gran medida de la sociedad. Los mensajes que trasmite pueden ser diferentes de un país a otro, por ejemplo, una mirada fija y sostenida puede ser entendida como una forma de amenaza. A través de la mirada se puede comprender cómo se siente el receptor del mensaje, se obtiene retroalimentación del proceso de comunicación, además, mediante

la mirada se regula el proceso comunicativo y se diferencian los tiempos en el diálogo.

- **La proxémica:** hace referencia a la distancia interpersonal que se mantiene en cada situación, por ejemplo, si una persona comunica a más de 4 m de distancia se considera la distancia apropiada para mantener discursos formales, sin embargo, para las conversaciones íntimas o personales, la distancia habitual es de aproximadamente 45 cm.
- **Las manos:** los movimientos de las manos van a estar influidos en gran medida por la cultura o país de los interlocutores, no obstante, a través de sus movimientos se pueden expresar sentimientos, como por ejemplo, el nerviosismo, o apoyar la comunicación verbal.
- **Los movimientos de cabeza:** van a suponer fundamentalmente un refuerzo de los actos comunicativos verbales, además de proporcionar información sobre los tiempos y turnos en traspaso de información.
- **La postura corporal:** se refuerza a través de ella la intención comunicativa, indica los estados emocionales, así como el estatus social.
- **El aspecto externo:** la ropa, los elementos ornamentales, el pelo, la piel, etc., son indicativos tanto de la posición social del individuo como del estado emocional de la persona.

Recomendaciones

Algunas de las recomendaciones para los docentes en cuanto a las comunicaciones no verbales son las siguientes:

- En cuanto a la mirada, se recomiendan las siguientes acciones:
  - No centrar la mirada en una sola persona, tratar de hacer barridos oculares entre el alumnado.
  - No perder la concentración y no mirar al infinito.
  - No se deberá rehuir la mirada de un alumno o alumna en concreto.
  - La mirada del docente no ha de ser inquisitiva.
- La sonrisa es recomendable:
  - El rostro del docente debe permanecer relajado y esbozar una leve sonrisa.
  - Se recomienda usar la sonrisa y el humor en momentos puntuales.
- Las manos del docente deben tener movimientos rítmicos y pausados.
- Los brazos es recomendable mantenerlos despegados del torso y doblados.

- La postura corporal adecuada será de pie, apoyándose sobre los dos pies y con la cabeza levantada. Se recomienda la alternancia entre permanecer en un lugar fijo y desplazarse por el aula.
- En cuanto al aspecto físico, se recomienda transmitir una imagen positiva al alumnado.

Comunicación paraverbal

Este tipo de comunicación se encuentra muy relacionado con la comunicación verbal, en concreto la oral, se basa en aquellas características o rasgos de la voz que distinguen a las personas unas de otras.

Manifestaciones

Las características o rasgos personales, en relación a la comunicación paraverbal, son las siguientes:

- **El tono:** se trata de la melodía que se da al hablar, consiste en una combinación de tonos agudos y tonos graves y se encuentra íntimamente relacionada con la emoción que se transmite en el proceso de comunicación.
- **El timbre:** es el registro o la altura musical de la voz, este rasgo es el que permite distinguir a las personas enseguida, depende de la longitud y las bandas vocales.
- **La resonancia:** la resonancia de la voz puede ser nasal, faríngea u oral, depende del lugar donde se produzcan más vibraciones de las bandas vocales.
- **La intensidad o volumen:** se trata de uno de los efectos comunicativos más notables, va a depender del esfuerzo respiratorio y articulatorio. Cada persona tiene un volumen de voz que se asocia con la edad, la personalidad e incluso la categoría social.
- **Tempo o ritmo:** es la velocidad relativa de emisión de palabras o frases. El tempo puede indicar los estados emocionales de la persona, así como estados anormales, como por ejemplo depresión, nerviosismo, miedo, etc.
- **Duración silábica y campo entonativo:** la duración silábica determina el énfasis que se le dé a determinadas palabras o frases y el campo entonativo hace referencia a la combinación de registros, acentos y pausas que tiene cada persona.

Recomendaciones

En la práctica docente serán recomendables las siguientes indicaciones para mejorar la comunicación paraverbal:

- **El volumen:** el volumen de la voz debe ser el adecuado y enfocado siempre al alumnado, asimismo se tendrán en cuenta las características del contexto y de la información a transmitir para regularlo.
- **La entonación:** siempre deberá aportar sentido al mensaje. Además, hay que introducir cambios rítmicos en la entonación para aportar sentido y destacar los puntos clave de la información a transmitir.
- **La pronunciación:** el docente ha de esforzarse por pronunciar todas las palabras de manera clara y nítida.
- **La velocidad del lenguaje** será la adecuada, se podrá reducir en ocasiones o aumentar, para favorecer el apoyo o refuerzo a la información que se esté aportando.

ACTIVIDAD 6

Visualiza el siguiente vídeo en el que se observan diferentes manifestaciones de la comunicación verbal, no verbal y paraverbal:

https://redirectoronline.com/uf16450108

¿Qué técnicas de las que se utilizan son incorrectas en una buena comunicación?

a. El docente es el emisor de la información, que la transmite mediante un discurso largo para que esté completa y el alumnado la recuerde más fácilmente.
b. El docente está situado en un lugar fijo del aula.
c. El alumnado interrumpe al docente para dar su opinión o hacer consultas.
d. El docente mantiene una entonación estable en el discurso.
e. El docente lanza preguntas al alumnado para obtener retroalimentación por su parte.

4.4. Interferencias y barreras en la comunicación

HILO CONDUCTOR

En la comunicación que se desarrolla en el aula, han surgido algunas barreras, muchas de ellas causadas por los alumnos de Roberto, que teme que estas barreras puedan dificultar en un futuro el desempeño de su trabajo... tiene que hacerles ver su existencia y ayudarles a superarlas.

Las barreras o interferencias comunicativas son **obstáculos que surgen en el proceso comunicativo** y que pueden impedir que el receptor interprete adecuadamente el mensaje que el emisor, en este caso docente, esté emitiendo.

Habitualmente, las barreras en la comunicación se clasifican en tres tipos diferentes:

Ambientales	Verbales	Interpersonales
- Se originan en el contexto en el que se produce la comunicación, son impersonales y, por ejemplo, pueden ser debidas a ruidos, calor, incomodidad, etc.	- Este tipo de barreras se deben a la forma de hablar del emisor del mensaje, pudiendo consistir en una velocidad inadecuada del lenguaje o una mala entonación o dicción.	- En este tipo de barreras son las personas las que causan las interferencias en la comunicación y pueden ser debidas a errores en la percepción, suposiciones incorrectas, etc.

ACTIVIDAD COMPLEMENTARIA

6. Visualiza el vídeo del apartado anterior, sobre los diferentes tipos de comunicación en la acción formativa: verbal, no verbal y paraverbal. ¿Has identificado en el mismo algunas barreras a la comunicación?

4.5. Barreras interpersonales. La retroalimentación

Un tipo de barreras que afectan al proceso formativo y se pueden paliar trabajando ciertos aspectos y capacidades en el alumnado o el mismo docente, o cambiando la forma de plantear las tareas, son las barreras interpersonales. Algunas de las que se producen con más frecuencia en el proceso comunicativo dentro del entorno del proceso de enseñanza-aprendizaje son las siguientes:

Percepción personal subjetiva
- Solo se percibe la realidad desde un punto de vista subjetivo, es decir, solo se ve o se comprende lo que se quiere ver o comprender.

Estereotipos
- Son ideas o imágenes comúnmente aceptadas que se refieren a las características de otras personas.

Inferencias
- Significa inducir o deducir una cosa de otra.

Presuposiciones
- Se define como dar por sentado o cierto algo, se basan en suposiciones de que las demás personas saben o entienden algo.

Falta de empatía
- Se produce cuando el docente no se identifica y no comprende los problemas y preocupaciones del alumnado, o cuando el alumnado no se coloca en la perspectiva del docente.

Falta de retroalimentación
- El emisor necesita la retroalimentación para saber si los receptores están comprendiendo el mensaje. Si no existe esta retroalimentación o *feedback*, el proceso de enseñanza-aprendizaje se pone en peligro, pues la interacción entre el alumnado y el docente no será la apropiada.

APLICACIÓN PRÁCTICA

Marta ha sido siempre amiga de Estefanía, aunque sus caminos se separaron cuando ambas se marcharon a la universidad. Estefanía estudió inglés y Marta optó por empresariales, hace poco se han vuelto a reencontrar, ya que ambas han coincidido en un curso de formación de inglés para la atención empresarial, aunque Estefanía como profesora y Marta como alumna. No obstante, el reencuentro dista mucho de ser agradable, pues Marta, que no cree que Estefanía tenga las habilidades suficientes como tutora, no para de cuestionarla y entorpece la marcha apropiada del proceso de enseñanza-aprendizaje, distrayéndose y, a la vez, haciendo lo mismo con algunos de sus compañeros. ¿Cuál crees que es el problema o barrera en la comunicación que se está produciendo?

Solución

El problema principal es que se están produciendo barreras de tipo interpersonal en la comunicación.

Marta está presuponiendo que Estefanía no tiene unas determinadas habilidades como formadora; Marta no está siendo empática con Estefanía, además, está centrada en mantener su propia percepción personal subjetiva. Para mejorar dicha situación Estefanía deberá colocarse en el lugar de Marta, tratar de comprenderla y tratar de que se produzca la retroalimentación o *feedback* en la comunicación.

Dentro de estas barreras adquiere especial relevancia el uso de la **retroalimentación,** que favorecerá la disminución del número de errores, aunque el proceso de comunicación tarda más en desarrollarse.

La retroalimentación **permite la comprensión y el control de la comunicación,** evitando interferencias o barreras en el proceso comunicativo.

La retroalimentación o *feedback* se produce cuando el emisor del mensaje recoge información acerca de los efectos que él mismo ha producido en el receptor.

4.6. Factores determinantes de la efectividad de la comunicación en el proceso de aprendizaje

Para determinar los factores que resultan determinantes en la efectividad de la comunicación, será necesario centrarse en aquellas **habilidades que debe poseer el comunicador,** ya que esto será un elemento clave del mismo. Para determinar dichas habilidades es necesario conocer **qué son las habilidades sociales y cuáles son las más indicadas para el docente.**

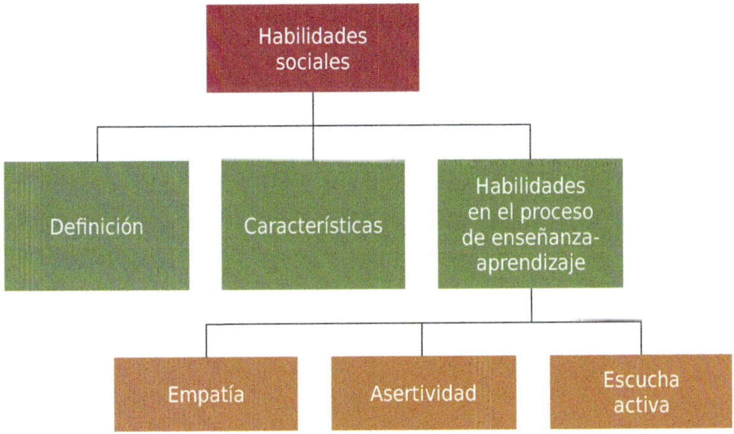

A continuación, se describen los principales elementos del esquema:

- **Definición:** se pueden definir las habilidades sociales como aquellas conductas o actitudes que dotan a la persona que las posee de una mayor capacidad para lograr los objetivos que pretende, manteniendo su autoestima y sin dañar a las personas que le rodean. La finalidad de estas habilidades consiste en resolver los problemas de forma inmediata, evitando la posibilidad de problemas futuros. Las habilidades sociales son esenciales para conseguir relaciones satisfactorias con los demás.

- **Características:** las habilidades sociales presentan una serie de características:

  - Son adquiridas a través del aprendizaje, por ejemplo, con la observación o la escucha.
  - Incluyen comportamientos verbales y no verbales.
  - Suponen iniciativas y respuestas efectivas y apropiadas.
  - Estas habilidades favorecen las respuestas positivas del medio social.
  - Están influenciadas por el medio, así como por factores como la edad, el sexo o el estatus social.

- **Empatía:** se trata de ponerse en el lugar del otro. El emisor de la información debe ponerse en el lugar de quien la recibe para poder tener en cuenta el punto de vista del otro. Es recomendable que el docente empatice con el alumno, compartiendo sus inquietudes y prestándole apoyo en todo momento. La empatía facilita la relación entre el alumnado y los docentes.
- **Asertividad:** se puede definir como la capacidad para expresar lo que se piensa, los propios sentimientos o emociones, los derechos, etc., sin faltar al respeto ni violar los derechos de los demás. La asertividad implica el respeto hacia uno mismo y hacia los demás. El docente asertivo será aquel que sea capaz de lograr sus propósitos respetando al alumnado.
- **Escucha activa:** supone el saber escuchar, realizando el esfuerzo por comprender lo que se oye en el sentido más amplio.

Dentro de las habilidades sociales que van a ser más determinantes en la efectividad del aprendizaje, la escucha activa es uno de los elementos más importantes en el proceso, motivo por el que se explicará con más detalle a continuación.

ACTIVIDAD COMPLEMENTARIA

7. Reflexiona sobre las habilidades docentes. Además de las habilidades sociales que se han visto, ¿qué otras habilidades crees que tiene que tener un docente? Piensa también en un ejemplo de la aplicación de las mismas en el aula.

4.7. La escucha activa

HILO CONDUCTOR

Uno de los casos que se encuentra Roberto es el de Ismael, que trabaja en una agencia de viajes y en su puesto de trabajo vivió la siguiente situación:

Llegó una señora, clienta habitual de la agencia, comentándole que tenía que pagar ya el viaje que tenía reservado, pero no sabía si podía hacerlo, puesto que creía que no tenía dinero suficiente. Ante esta situación, Ismael le dijo que fuera a por dinero y volviese en otro momento, que él no podía hacer nada.

Esta situación tuvo lugar un sábado, estando los bancos cerrados y la señora no disponía de tarjetas de crédito o débito.

En ella, Ismael muestra falta de empatía, no poniéndose en el lugar de esta señora, y hace suposiciones, dando por sentado que la señora conoce otras formas de envío en las que se paga en destino, por ejemplo. De modo que no le da otras opciones o posibilidades para solucionar la situación en la medida de lo posible. Y en el aula, Luis muestra las mismas actitudes y no sabe escuchar.

Saber escuchar de forma activa se considera una de las habilidades comunicativas esenciales en el proceso de enseñanza-aprendizaje. Y es que escuchar no es solo oír (percepción física de las ondas a través del oído), sino que supone, además, la **capacidad de recibir y responder al estímulo físico y de utilizar la información captada a través del canal auditivo.**

Existen diferentes **tipos de escucha,** que pueden darse en cualquier momento del proceso de enseñanza-aprendizaje:

Atencional
- Se produce cuando el oyente, que puede ser el docente o el alumno, atiende para obtener la información y poder participar de una forma activa.

Analítica
- Este tipo de escucha tiene lugar cuando el receptor del mensaje debe analizar el mensaje para responder o revolver alguna duda o cuestión.

Continúa en página siguiente >>

<< Viene de página anterior

Apreciativa
- Es el tipo de escucha que se produce para oír música, lectura de obras literarias, etc., es decir, se escucha para disfrutar.

Marginal
- Este tipo de escucha se produce cuando no es la actividad principal, sino que se escuchan los sonidos del ambiente, música de fondo, etc.

Independientemente del tipo de escucha que se produzca, saber escuchar no es un acto pasivo, sino activo. Para saber escuchar se deberán tener en consideración tanto los actos verbales de comunicación, como los no verbales y paraverbales.

La **escucha activa** se va a definir, por tanto, como la habilidad de escuchar no solo lo que la otra persona está expresando directamente, sino también de comprender el significado completo de la información que está enviando, las emociones y sentimientos, o los pensamientos que se encuentran bajo la información que se está expresando de forma directa.

4.8. Factores necesarios para la escucha activa

Existen una serie de elementos o factores que hacen posible que se produzca una escucha activa:

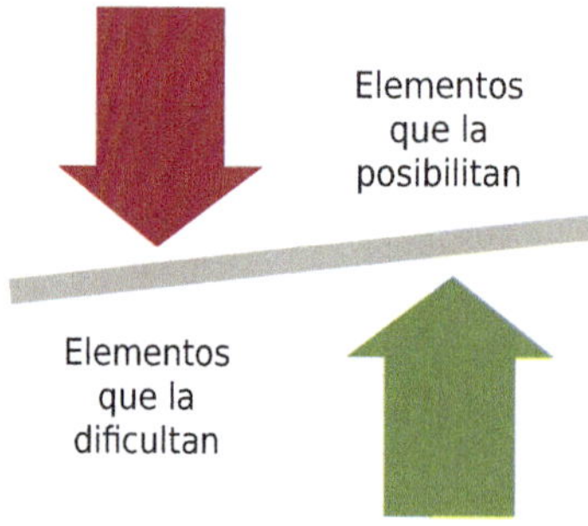

Elementos que la posibilitan

Para que se produzca la escucha activa se requieren los siguientes elementos:

- La empatía o capacidad para ponerse en el lugar del otro, o de percibir lo que la otra persona transmite.
- La capacidad de interpretar y comprender el mensaje, salvando las interferencias o barreras en la comunicación: ambientales, verbales o interpersonales.
- La capacidad de evaluar, es decir, decidir la importancia y validez en determinado contexto de lo escuchado.
- La capacidad de responder al mensaje o información que el interlocutor emite.

Elementos que la dificultan

No se podrá producir la escucha activa cuando el receptor del mensaje u oyente se encuentre en una de las siguientes circunstancias:

- No presta atención.
- Está pensando en su respuesta. En lugar de escuchar atentamente, la va preparando mientras el interlocutor está aún hablando.
- Tiende a fijarse en detalles en lugar de tomar las informaciones principales.
- No hace más que prolongar el pensamiento del hablante. Repite más de lo que el interlocutor ha dicho.
- Intenta encajar en sus esquemas mentales la información que no domina.

IMPORTANTE

No debe olvidarse que un concepto muy relacionado con el de la escucha activa es el de la retroalimentación o *feedback* en la comunicación, este elemento va a constituir también uno de los factores clave en el proceso comunicativo.

Se puede concluir, por tanto, que los **factores determinantes en una comunicación eficaz en el proceso de enseñanza-aprendizaje** son la empatía, la asertividad, la escucha activa y la retroalimentación.

VÍDEO

Tras haber visto los diferentes elementos que influyen en la escucha activa, observa el siguiente vídeo, en el que se muestra una situación que tiene lugar en el aula:

https://redirectoronline.com/uf16450109

ACTIVIDAD COMPLEMENTARIA

8. Visualiza el vídeo anterior sobre una situación que tiene lugar en el aula e identifica los elementos que posibilitan o dificultan la escucha activa. ¿Cuál hubiese sido la actuación correcta del tutor en este caso?

4.9. Comunicación efectiva en el proceso de enseñanza-aprendizaje

Una vez claros los aspectos que influyen en la comunicación, y cómo afectan al proceso de enseñanza-aprendizaje, ¿cómo deberá actuar el docente para que tenga lugar una comunicación efectiva en el proceso de enseñanza-aprendizaje?

- **Expresar y comunicar** tanto con expresión verbal como no verbal al alumnado que se le está escuchando de forma activa, a través de mensajes de asentimiento, contacto visual, etc.
- **No interrumpir** el mensaje del alumnado y no ofrecer soluciones prematuras.

- **Mantener la atención** en todo momento mientras se produce el mensaje.
- **Parafrasear o verificar lo que el alumnado quiere decir,** esto ayudará a la comprensión del mensaje.
- **Respetar** en todo momento al alumnado, haciendo siempre referencia en las correcciones a lo que se hace y no personalizando, pues puede influir en la creación de estereotipos.
- **Ser concretos y específicos** en cuanto a las palabras y las frases a usar.
- **Evitar generalizaciones,** como por ejemplo, siempre y nunca.
- **Ser breve y no repetirse** en lo mismo con las mismas palabras.
- **Cuidar la comunicación no verbal,** esta deberá estar acorde con la verbal.
- **Elegir los momentos apropiados** en los que deben producirse las interacciones.

TAREA 8

Visualiza de nuevo el siguiente vídeo en el que se observan diferentes manifestaciones de la comunicación verbal, no verbal y paraverbal:

https://redirectoronline.com/uf16450108

Sobre las manifestaciones de la comunicación verbal, no verbal y paraverbal incorrectas que has identificado en el vídeo anterior, ¿cómo utilizarías las técnicas de comunicación, en cada uno de esos casos, para que el proceso de comunicación se desarrolle de forma eficaz y puedan superarse las barreras detectadas? Realiza una grabación en la que utilices estas técnicas.

TAREA 9

Domingo es el tutor responsable de un curso de formación en instalación de muebles. Se da cuenta de que el nivel educativo del alumnado no es muy alto, por lo que temiendo la incomprensión de la información por parte del alumnado, repite muchas veces las mismas frases; además, cada vez que algún alumno intenta realizar una pregunta, Domingo le corta precipitando la respuesta para que el alumno no se sienta incómodo.

Al poco tiempo se da cuenta de que el alumnado comienza a encontrarse desmotivado y molesto. ¿A qué crees que puede ser debida esta actitud? ¿Está desarrollando Domingo el proceso de comunicación e interacción con el alumnado de forma adecuada?

Analiza cuáles son los factores que están afectando a la efectividad del proceso, ya sea por su presencia o ausencia.

5. La comunicación a través de las tecnologías de la información: síncrona y asíncrona

HILO CONDUCTOR

Siguiendo con la planificación del trabajo a realizar en el aula virtual, Julia y Roberto deben fomentar también la comunicación en este medio, que tantas oportunidades ofrece.

Con esto, además de conseguir que las actitudes comunicativas del alumnado sigan desarrollándose y sean algo que tenga presente en todo momento, se conseguirá un buen ambiente de aprendizaje que servirá para mantener el interés y motivación del alumnado.

Una de las principales características de la formación en modalidad virtual, es que existe separación física entre el docente y el alumnado, por lo que para que se lleve a cabo el proceso de comunicación e interacción presente en una acción formativa eficaz, es necesario establecer **nuevos espacios de comunicación,** así como nuevas formas de comunicación. Para ello se dispone de las **Tecnologías de la Información y la Comunicación** (**TIC**).

Con estos medios es posible crear **espacios comunes de comunicación,** de diferentes tipos: síncronos o asíncronos, formales o informales, informativos o constructivos, etc., dependiendo de las necesidades y las características de la acción formativa, participantes y acciones a realizar mediante los mismos.

 **EJEMPLO**

En la modalidad presencial, el alumnado no solo interactúa en relación al contenido del curso, en lo que sería el espacio de comunicación formal, sino que en los tiempos de descanso pueden hablar de sus intereses personales, toman un café, etc., en lo que se considerarían espacios informales. En el aula virtual ocurre lo mismo, no van a hablar de su vida en un foro dedicado a una temática en concreto, pero puede crearse un espacio más informal para ello, por ejemplo, el "Foro cafetería".

5.1. Espacios para la comunicación: comunidades de aprendizaje

Aunque en el contexto actual la idea de comunidad de aprendizaje nos evoque directamente al entorno o medio virtual de desarrollo del aprendizaje, dicho concepto no está únicamente vinculado a los entornos virtuales, de manera que podríamos definir las comunidades de aprendizaje como (Valls, 2000):

> *Un proyecto de transformación social y cultural de un centro educativo y de su entorno para conseguir una sociedad de la información para todas las personas, basada en el aprendizaje dialógico, mediante una educación participativa de la comunidad, que se concreta en todos sus espacios incluida el aula.*

Basándonos en las claves pedagógicas desarrolladas por Elboj, Puigdellívol, Soler y Valls (2003) para una comunidad de aprendizaje, estas se podrían resumir del siguiente modo:

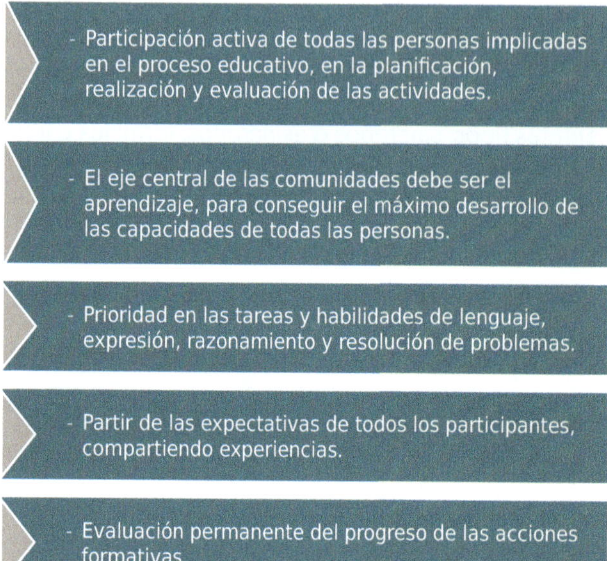

En la actualidad las comunidades virtuales de aprendizaje se constituyen como elementos fundamentales en la impartición de acciones formativas ya que por sus características permiten la realización de las acciones formativas de forma flexible y adaptada a las necesidades específicas del alumnado, permitiendo la deslocalización, la reducción de los costes o la asincronía en la realización de las acciones formativas, con lo que abre la posibilidad a la formación a personas que, por sus circunstancias personales, no pueden acceder a otro tipo de modalidades formativas.

Las comunidades virtuales de aprendizaje se basan, además de en los principios pedagógicos anteriores, en los siguientes:

- Entornos de aprendizaje abiertos, flexibles y adaptables a las características y necesidades de los participantes.
- Basados en entornos colaborativos de aprendizaje a partir del intercambio de experiencias y conocimientos.
- Centrados en el logro de aprendizajes significativos para las personas, que partan de sus propias experiencias y de un aprendizaje constructivista, donde poder entender y reflexionar sobre los contenidos a partir de las experiencias y el contexto del resto de participantes.

5.2. Actitudes comunicativas en los procesos de enseñanza-aprendizaje, según el medio

HILO CONDUCTOR

Durante el desarrollo de la acción formativa, Roberto y Julia están tratando de potenciar en el alumnado una serie de habilidades y actitudes que necesitan para el proceso formativo, así como el desempeño de su trabajo.

Pero esas habilidades que deben poseer para establecer la comunicación de forma presencial, ¿serán las mismas cuando atiende a un cliente por teléfono o *e-mail?* ¿O cuando se comunican utilizando las herramientas del aula virtual?

Las habilidades comunicativas básicas, que toda persona debe tener, para establecer cualquier tipo de comunicación y para cualquier medio son: **asertividad, empatía y escucha activa.**

Pero además, si se trata de un tipo de **comunicación mediada,** ya sea por las tecnologías, teléfono, etc., es importante potenciar **otro tipo de habilidades específicas.** Son las siguientes:

- **Habilidades colaborativas:** que posibiliten el trabajo grupal.
- **Habilidades esenciales en la interacción mediada por la tecnología:** como resolver conflictos, proponer y aceptar ayuda, habilidades de negociación.
- **Habilidades que permitan dar coherencia a las intervenciones:** autorreflexión, pensamiento crítico, toma de decisiones.
- **Habilidades técnicas:** que permitan la integración de la tecnología de modo que resulte eficiente al servicio del proceso comunicativo.
- **Habilidades para la organización del proceso comunicativo:** como la discriminación de los mensajes a leer, no enviar mensajes poco útiles para el grupo o distinguir entre los mensajes que deben dirigirse al grupo o a una persona de forma privada.
- **Suplir la comunicación no verbal:** mediante otros elementos de la comunicación escrita, como emoticonos, uso de mayúsculas, puntuación y un lenguaje claro y preciso.
- **Retroalimentación o *feedback*:** en este contexto adquiere especial relevancia la retroalimentación o *feedback* entre docente y alumnado, así como entre los participantes. Por ello, es importante saber tanto dar como pedir esa retroalimentación.

Todas las habilidades para la comunicación que se han visto no son algo innato en la persona, hay que trabajarlas, ponerlas en práctica y entrenarlas desde el proceso formativo, para su desarrollo o perfeccionamiento.

5.3. Herramientas de comunicación

HILO CONDUCTOR

Dentro del aula virtual, Julia y Roberto tienen unos objetivos claros sobre cómo quieren que se desarrolle la comunicación. Pretenden que:

- Todo el alumnado participe y se integre en el proceso.
- En las intervenciones que realicen los participantes, sean respetuosos y respeten las normas.
- Se fomente y practique, sobre todo, la comunicación escrita.
- Se disponga de libertad espacial y temporal para comunicarse en el aula virtual, evitando así las presiones y condicionantes.
- Se utilicen diferentes espacios, según el carácter de la información a transmitir.

Teniendo en cuenta todo esto, ¿qué herramienta de comunicación será la más adecuada para cumplir estos objetivos?

En el aula virtual, las herramientas de comunicación disponibles son muy variadas, y cada una se utilizará con una finalidad. Aunque atendiendo a los objetivos y actividades que se planteen puede fomentarse el uso de unas u otras, según el caso.

Una de las características fundamentales es que la comunicación puede producirse de forma **síncrona,** es decir, en el mismo momento, o **asíncrona,** es decir, en momentos temporales diferentes.

Ambos tipos de comunicación se complementan en la teleformación para dar integridad y coherencia, así como facilitar los procesos comunicativos en los procedimientos de enseñanza-aprendizaje.

Para ello, existen diferentes herramientas:

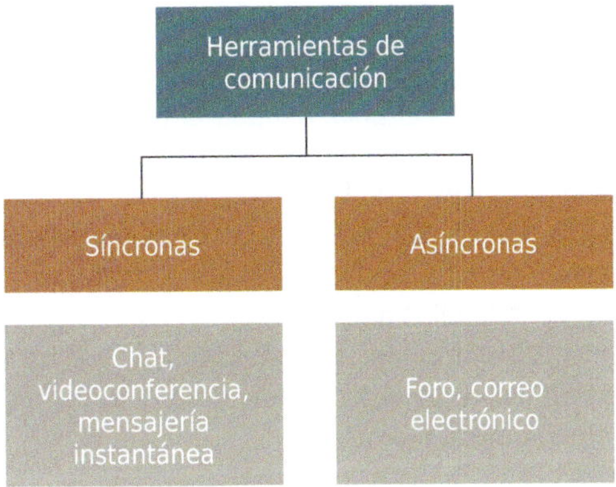

ACTIVIDAD COMPLEMENTARIA

9. Teniendo en cuenta la clasificación de las herramientas de comunicación, reflexiona sobre las ventajas que pueden aportar cada tipo de herramientas. Piensa también en dos casos en los que sea más adecuado el uso de unas u otras herramientas, reflexionando sobre su idoneidad.

ACTIVIDAD 7

En un curso de "Elaboración de artículos y accesorios artesanales" en modalidad virtual, hay un grupo de alumnos interesados en trabajar especialmente el cuero, pero saben que en el curso deben verse más materiales, no solo ese, así que deciden ampliar por su cuenta la formación en técnicas y práctica con las mismas, para lo que piden orientación al docente sobre cómo organizarse, ¿qué espacios de comunicación debería proponer el docente al alumnado para conseguir sus objetivos?

Selecciona las opciones que consideres correctas.

a. Crear un foro en el aula virtual en el que el alumnado pueda compartir las técnicas que vayan aprendiendo y comentar sobre las mismas.
b. Crear un espacio en alguna red social, que les permita estar en contacto y compartir información una vez finalizado el curso.

Continúa en página siguiente >>

<< Viene de página anterior

c. Lo más adecuado es el aula, así que el docente dejará que cuando no les interese otra técnica con otros materiales se dediquen al cuero parte del horario de clase.
d. Para realizar la práctica con esas técnicas, el docente solicitará el uso de esa aula u otra del centro, para que el alumnado pueda reunirse por su cuenta cuando ellos decidan.
e. El docente debe proponer al alumnado que esperen a que se trate en el contenido del curso el tema del cuero, y entonces, usar los espacios que se creen en ese momento.

5.4. Comunicación asíncrona

HILO CONDUCTOR

Dado que Roberto y Julia quieren que se disponga de libertad espacial y temporal para comunicarse en el aula virtual, sin duda la herramienta que mejor se adapta a ello es una herramienta de tipo asíncrona, y como además quiere que todo el alumnado participe, la más adecuada es el foro.

La comunicación asíncrona permite una mayor **libertad en el tiempo y en los espacios,** ya que no es necesario que coincidan a la vez los actores del proceso de comunicación.

Este tipo de comunicación requiere un lugar físico, como un servidor, por ejemplo, donde sean almacenados los mensajes o información y donde los interlocutores puedan acceder en cualquier momento; esto permite que todos los integrantes del sistema de teleformación (alumnado, tutores, coordinadores, administradores) puedan participar en el diálogo en cualquier momento.

Sus **características principales** son las siguientes:

- No se encuentra sujeta a limitaciones físicas o de lugar.
- No se encuentra ligada a restricciones de horario o tiempos.
- La comunicación puede ser grupal o individual.

Las herramientas que permiten este tipo de comunicación serán aquellas en las que la información se encuentre disponible para todos los usuarios desde cualquier lugar. Entre ellas destacan:

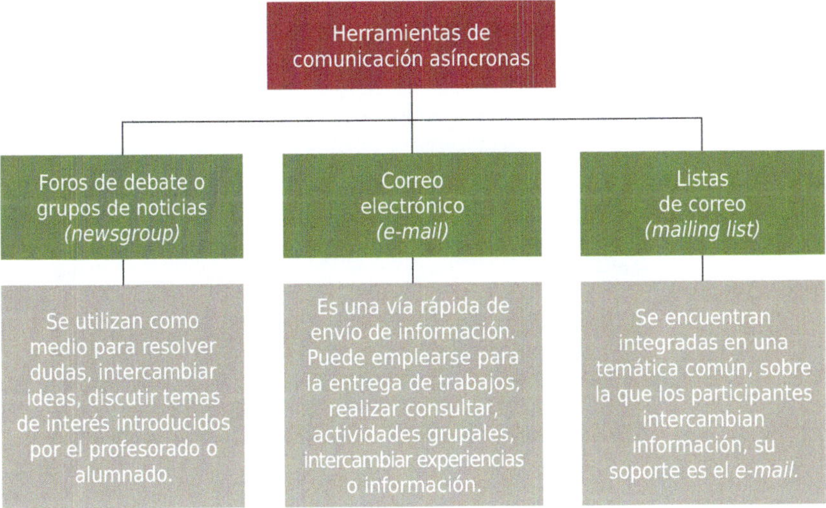

5.5. Comunicación síncrona

Se produce cuando el emisor y el receptor del mensaje interaccionan en el mismo espacio temporal. La gran diferencia con la educación presencial tradicional es que **las personas no se encuentran en el mismo lugar físico,** además del uso de materiales digitales al alcance de alumnado y docentes en cualquier momento.

Las **características fundamentales** de la comunicación síncrona en modalidad virtual serán:

- No implica estar físicamente en el mismo lugar.
- Implica que se esté interaccionando en el mismo momento temporal.

Las herramientas que se usan para facilitar este tipo de comunicación serán todas aquellas que permitan la interacción en tiempo real:

Chat
- Posibilita la comunicación textual en tiempo real entre varias personas. Se utiliza fundamentalmente para realizar tutorías *online*, debates colectivos, evaluaciones *online* e intercambio de información.

Videoconferencia
- Consiste en la transmisión de una señal, portadora de imagen y sonido, desde un centro donde se desarrolla un determinado acontecimiento hasta uno o varios centros remotos que las reciben. Estos centros remotos, en este caso, puntos de acceso a internet, quedan conectados con el principal para intercambiar imágenes y voz, permitiendo el encuentro en tiempo real de personas ubicadas en lugares distantes.

Documentos compartidos
- Se trata de una opción que permite compartir un documento *online* para su edición conjunta o para utilizarlo como base para el debate.

APLICACIÓN PRÁCTICA

Estás tutorizando un curso con bastantes participantes, y debes hacer el seguimiento de muchos de ellos de forma muy exhaustiva, casi a diario, ya que hay un grupo bastante numeroso que está quedando atrasado. Con todo el tiempo que empleas en ellos, no tienes tiempo de estar pendiente de los alumnos que van avanzando de forma adecuada, y notas que algunos de ellos están empezando a sentirse desmotivados y "solos" ante la acción formativa. ¿De qué modo y con qué medios podrías solucionar esa situación?

Solución

Aunque esos alumnos vayan realizando el curso según lo previsto, es importante que se les diga y se les anime con el trabajo que están realizando.

No se les puede decir, por ningún medio, que no te necesitan, dar más importancia a los que van mal. Deben sentirse atendidos y que cuentan contigo igualmente. Y tampoco se les puede manifestar de forma pública y directa su labor, sin hacer referencia al resto de compañeros que no van bien en el curso,

Continúa en página siguiente >>

<< Viene de página anterior

pues pueden sentirse frustrados y tener la sensación de que no alcanzarán ese nivel. En todo caso, se puede enviar un mensaje general al foro animando a los que van al día a seguir así, y a los atrasados a ponerse al día, pero de forma positiva, no destacando los aspectos negativos, sino las posibilidades que tienen y capacidades para lograrlo.

Por lo tanto, para que esos alumnos sientan que no están solos ante el proceso formativo, se les deberá dar retroalimentación cada vez que intervengan en los foros, haciéndoles sentir que su participación es importante, y se les debe enviar, de forma periódica, un *e-mail* en el que se comente y felicite por su progreso. Este tipo de *e-mail* no requiere la misma atención que si una persona va atrasada y no le quitará tanto tiempo al tutor, que puede enviar incluso, un *e-mail* genérico para estos casos.

TAREA 10

En un curso de "Búsqueda de empleo a través de internet", que se realiza en modalidad virtual, ¿qué espacios para la comunicación debería promover el personal docente, por ser los más adecuados en este caso?

Crea un espacio concreto adecuado para este caso e indica de qué forma los organizarías y gestionarías.

ACTIVIDAD 8

Pablo está realizando un curso en modalidad virtual, su tutor le ha dicho varias veces que debe participar en los foros, pero es que no sabe cómo hacerlo, tan solo es capaz de manifestar el acuerdo cuando sus compañeros ya han participado. Por fin, le dice esto a su tutor, que su miedo a la participación se ha trasladado del aula presencial al aula virtual, y no sabe cómo evitarlo, ¡y él creía que aquí iba a ser más fácil! ¿De qué forma podrá el tutor desarrollar las actitudes y habilidades comunicativas que Pablo necesita?

Continúa en página siguiente >>

<< Viene de página anterior

Selecciona las opciones que consideres correctas.

a. Le dirá a Pablo que participar es obligatorio, y que no importa el contenido del mensaje, simplemente debe intervenir.
b. Aplicará con Pablo la motivación por consecuencias, es decir, si no participas va a bajar mucho tu nota, dado que es obligatorio.
c. Propondrá alguna actividad concreta en la que Pablo se sienta seguro y muy cómodo con la temática, de forma que le sea más fácil intervenir.
d. Propondrá una actividad colaborativa, organizada en grupos, en la que la primera parte de la misma, se asignará a cada miembro una cuestión concreta, de modo que Pablo se enfrente solo a esa parte, como si se tratara de una actividad individual.
e. Debe motivar a Pablo, ayudándole y orientándole en sus intervenciones, pero sin presionarlo.

TAREA 11

Como tutor, te encuentras con un alumno que es muy activo en los foros y herramientas de comunicación del curso, pero siempre cree saberlo todo (cosa que no es cierto), y siempre debe "corregir" (no constructivamente) al resto de compañeros. Con estas "correcciones", por su forma de expresarse, da la sensación de que está atacando al resto de participantes. Ahora, al entrar al curso, accedes a un debate muy polémico que está teniendo lugar estos días, y te encuentras con que este alumno ha llegado incluso a insultar a un compañero...

¿Qué actuación debes llevar a cabo en este caso? ¿Cómo potenciarías las actitudes comunicativas en este alumno para que la comunicación se desarrolle de forma positiva?

TAREA 12

Haciendo el seguimiento de la acción formativa que tutorizas te encuentras con estos tres casos:

Continúa en página siguiente >>

<< Viene de página anterior

- Caso 1. Vais por el módulo 2, que ya está casi a punto de finalizar, y a pesar de que ya avisaste por *e-mail* en el anterior seguimiento a un alumno de que tenía que ir finalizando el módulo 1, aún sigue con ese módulo, y no ha entregado actividad ni evaluación del mismo. En su contestación al *e-mail* te dijo que en una semana estaría terminado y ya han pasado dos semanas.
- Caso 2. Vais por el módulo 2, que ya está casi a punto de finalizar, y una alumna ya ha finalizado el módulo y realizado las actividades y la evaluación correspondiente al mismo... una semana antes de que finalice el plazo.
- Caso 3. Ayer finalizó el módulo 2, y un alumno, aunque ha finalizado el módulo y realizado la evaluación, aún no ha entregado la actividad.

¿De qué modo y por medio de qué canales de comunicación te dirigirías al alumnado en cada uno de estos casos concretos?

6. Resumen

Los procesos de enseñanza-aprendizaje de personas adultas tienen lugar de forma diferente con respecto a los menores. Estas diferencias radican fundamentalmente en las experiencias de las personas adultas, que ya tienen un cúmulo de conocimientos y habilidades adquiridos y demostrados, tanto en el trabajo como en su vida cotidiana.

Antes de planificarlos hay que identificar las necesidades formativas, así como conocer la situación inicial de partida (características del alumnado, nivel de conocimientos, experiencias, interés, contexto, etc.).

Dadas las características del alumnado adulto, es imprescindible aplicar:

- Técnicas de motivación (intrínseca y extrínseca), que permitan mantener el interés del alumnado en la acción formativa durante todo el proceso. Algunas de estas técnicas son las siguientes:
  - Por consecuencias.
  - Por acercamiento a la realidad.
  - Por instrucción.
  - A corto y largo plazo.
  - Por reforzamiento.
  - Grupal.

- Técnicas de comunicación (verbal, no verbal y paraverbal), que permitan desarrollar y/o potenciar actitudes comunicativas en el alumnado, para que el proceso formativo se desarrolle de forma satisfactoria; así como asegurar que la información se reciba en el momento y forma adecuados.

Mediante la comunicación deben superarse las barreras existentes a la misma: ambientales, verbales e interpersonales. Para ello son necesarias una serie de habilidades sociales, como son la asertividad, empatía y escucha activa.

Este proceso de comunicación se podrá desarrollar por diferentes medios, ya sea presencial o a través de las TIC, utilizando los diferentes tipos de herramientas de comunicación disponibles en la plataforma de formación:

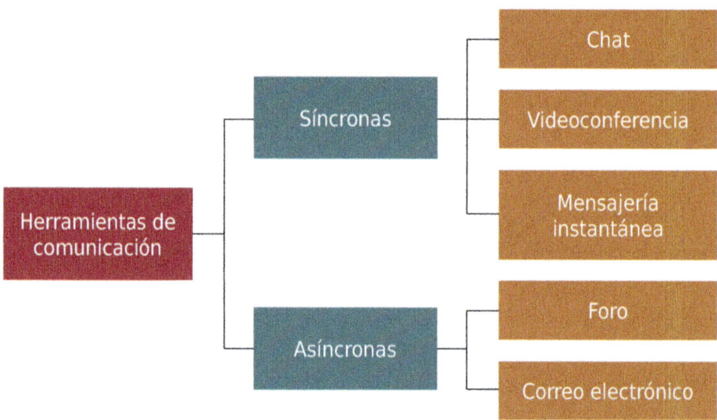

Mediante estas herramientas se crearán espacios de comunicación, que darán lugar a las Comunidades de Aprendizaje.

Ejercicios de autoevaluación Unidad de Aprendizaje 1

1. ¿Qué es la andragogía?

____

____

____

____

2. ¿Quién se considera el fundador de la andragogía?

a. John Dewey.
b. Malcom Knowles.
c. La UNESCO.
d. Ausubel.

3. Indica a qué términos hacen referencia las siguientes definiciones:

a. Se podrá considerar como la acción de instruirse y el tiempo que se dedica a dicha acción, así como el procedimiento por el cual una persona es entrenada para dar solución a unas determinadas situaciones.
b. Será considerado el proceso o procedimiento por el cual se transmiten los conocimientos o saberes, ya sean generales o específicos.

4. Relaciona los elementos que forman parte del acto educativo con su significado.

a. Docentes.
b. Alumnado.
c. La materia a impartir, contenidos.
d. Métodos.
e. Contexto.
f. Interacción.

1. Son los sujetos que conocen la materia, serán los encargados de enseñar, en resumidas cuentas, son las personas que pueden, quieren y saben enseñar.
2. Llamada también elementos curriculares, son los contenidos sobre los que se deberá trabajar y que se deberán transmitir en el proceso de enseñanza-aprendizaje.
3. Se entenderá el resultado de las situaciones donde los actores del proceso educativo (alumnado y docentes) actúan de forma simultánea y recíproca.
4. Los actos de enseñar y aprender acontecen en un determinado marco, influenciado por unas condiciones físico-espaciales, sociales y culturales.
5. Se pueden entender como los medios y la metodología que se van a usar en el proceso de enseñanza-aprendizaje para facilitar el acto educativo.
6. Se corresponden con los receptores del aprendizaje, son los que pueden, quieren y saben aprender. En todo proceso educativo deberá existir una predisposición por parte del alumnado, de lo contrario el aprendizaje no se producirá.

5. Señala cuál de las siguientes no es una característica del aprendizaje adulto según la andragogía.

a. Experiencia.
b. Prisa por aprender.
c. Motivación.
d. Frustración.

6. Completa el siguiente texto:

A modo de conclusión se puede afirmar que los adultos ______________ ________________y lo que necesitan y su interés influirá decisivamente en el proceso de enseñanza-aprendizaje, como consecuencia de ello, el proceso educativo deberá cumplir y satisfacer las __________________ en él depositadas para que la ___________________ no se vea afectada ni se ponga en peligro el desarrollo del proceso en condiciones óptimas.

7. ¿Cuáles son los fundamentos sobre los que debe asentarse el proceso de enseñanza- aprendizaje según la andragogía?

____
____
____
____

8. ¿Cuál de las siguientes no es una función del docente en la impartición de acciones formativas?

a. Impartir las acciones formativas.
b. Evaluar las acciones formativas.
c. Gestionar las incidencias en la plataforma para las acciones formativas.
d. Programar las acciones formativas.

9. ¿Qué es la percepción?

____
____
____
____

10. ¿Cuál de las siguientes no es un tipo de memoria?

a. Memoria sensorial.
b. Memoria perceptiva.
c. Memoria de trabajo, operativa o a corto plazo.
d. Memoria permanente o a largo plazo.

11. Señala si son verdaderas o falsas las siguientes afirmaciones:

a. Los tipos de comunicación son verbal, escrita y no verbal.

- Verdadero
- Falso

b. La comunicación verbal puede ser de dos tipos: oral y escrita.

- Verdadero
- Falso

c. Se cree que el primer tipo de comunicación que se produjo en los seres humanos es la comunicación no verbal.

- Verdadero
- Falso

12. ¿Cuál de las siguientes formas de comunicación no verbal no resulta apropiada para el docente?

a. Las manos del docente deben tener movimientos rítmicos y pausados.
b. Es recomendable mantener los brazos despegados del torso y doblados.
c. Se recomienda mirar fijamente a una persona cuando se esté transmitiendo información.
d. El rostro del docente debe permanecer relajado y esbozar una leve sonrisa.

13. ¿Qué tres tipos de barreras pueden producirse en la comunicación?

____

____

____

____

Unidad de Aprendizaje 2

Dinamización del aprendizaje en el grupo según la modalidad de impartición

Contenido

1. Introducción
2. Características distintivas del aprendizaje en grupo
3. Fases del desarrollo grupal
4. Técnicas de dinamización grupal, situación y objetivos de aprendizaje
5. Coordinación y moderación del grupo
6. Resumen

Objetivos

Los objetivos específicos de esta Unidad de Aprendizaje son:

→ Definir estrategias que faciliten el aprendizaje de adultos, previo a la acción formativa.

→ Promover la motivación y la participación activa del alumnado.

1. Introducción

A lo largo de esta unidad de aprendizaje se tratarán las diferentes técnicas de dinamización del alumnado en grupo, dependiendo de la modalidad de impartición. Las modalidades de impartición para las ofertas de formación profesional de Grado A, B, C, D y E se podrán impartir en las modalidades presencial, semipresencial y virtual, según el Real Decreto 659/2023, de 18 de julio, por el que se desarrolla la ordenación del Sistema de Formación Profesional.

Para estudiar la dinamización grupal se realizará, en primer lugar, un estudio de las características de la educación en grupo, así como de las condiciones para que el aprendizaje en grupo se produzca de forma óptima y se ofrezca una perspectiva completa, desde la que el docente pueda encontrar las mejores soluciones para que la acción formativa se desarrolle de forma satisfactoria.

Para ello, nos basaremos en el caso de la empresa de formación Paideia, que está impartiendo el certificado profesional "HOTG0108. Creación y gestión de viajes combinados y eventos", y durante el proceso los tutores, Julia y Roberto, tienen que dinamizar la acción formativa y conseguir que haya cohesión y colaboración en el grupo de participantes.

2. Características distintivas del aprendizaje en grupo

HILO CONDUCTOR

En un centro escolar, el personal docente ha recibido una notificación en la que se les indica que tendrán que realizar un curso de formación para potenciar el trabajo en equipo y colaborativo, ya que no hay unión entre el equipo ni comunicación, y así no se obtienen los resultados deseados, ni hay coherencia en el proceso formativo del alumnado.

Mario no lo entiende, ya que se reúnen todas las semanas.

El simple hecho de reunirse no implica que haya constituido un grupo... analiza atentamente esta **definición:**

> *Una agrupación es un conjunto de personas y un grupo es una estructura que emerge de la interacción de los individuos, es decir que un grupo no existe por el hecho de que algunas personas se encuentran reunidas, sino que pasa por un proceso mediante el cual se conforma y adquiere identidad. El grupo no es, sino que se constituye y pasa por diversas etapas durante su existencia (Santoyo, 1998).*

De ella se desprende que **no es lo mismo una agrupación de personas que un grupo,** pues una agrupación puede ser casual, pero para que se dé un grupo son necesarios la interacción de los individuos en un orden determinado y un proceso de evolución del mismo.

De forma general, se puede decir que las **características de un grupo** son las siguientes:

- **Interacción:** los integrantes del mismo participan en interacciones frecuentes.
- **Pertenencia:** los integrantes del grupo se definen entre sí y son definidos por otros como pertenecientes a un determinado grupo.
- **Socialización:** los integrantes del grupo participan desempeñando un rol o roles sociales.
- **Cumplimiento de normas:** los integrantes del grupo comparten las mismas normas y cultura.
- **Satisfacción:** los integrantes de un grupo deben encontrar su pertenencia al mismo como gratificante en algún aspecto.
- **Objetivo común:** los integrantes de un grupo deben identificarse entre sí porque buscan los mismos objetivos.

2.1. Tipos de grupos

HILO CONDUCTOR

Julia y Roberto han prestado especial atención a los aspectos comunicativos, fomentando el uso de las herramientas de comunicación del curso, pero a pesar de ello, sigue sin desarrollarse un verdadero trabajo en equipo.

Continúa en página siguiente >>

<< Viene de página anterior

Incluso han planteado actividades colaborativas de carácter obligatorio, de modo que todo el alumnado participe, pero no hay cohesión y continuidad entre las distintas aportaciones.

Teniendo en cuenta todo esto, está claro que no forman realmente un grupo, así que el objetivo que deben alcanzar es llegar a serlo, ¿pero de qué forma pueden conseguirlo?

La formación de un grupo necesita tiempo, y pasar por diferentes etapas, aunque puede haber diferencias dependiendo del tipo de grupo del que se trate.

Una **clasificación general de los grupos sociales** se puede realizar del siguiente modo:

Grupos formales
- Se trata de los grupos organizados por la sociedad con unas determinadas funciones y pertenecientes a diversas instituciones, por ejemplo, grupos deportivos, brigadas, etc. Este tipo de grupos posee una función predefinida, una serie de normas, derechos y deberes y, por norma general, una estructura jerárquica.

Grupos no formales
- Surgen de forma espontánea, sus integrantes se unen por simpatía, costumbre, intereses, etc. Estos grupos suelen estar formados por un número reducido de personas.

Grupo de pertenencia
- Son aquellos a los que el individuo pertenece por origen o también por adhesión voluntaria, el individuo se reconoce como miembro en estos grupos y los puede diferenciar del resto de los grupos, un ejemplo es la familia.

Grupo de referencia
- Son aquellos grupos que los individuos escogen como modelo, por la valoración que hacen de sus actos.

2.2. Características de los grupos de aprendizaje

☞ HILO CONDUCTOR

Con la formación de un grupo en el que haya cohesión, se pretende que la acción formativa sea más dinámica, amena y enriquecedora para los participantes, construyéndose de forma conjunta el conocimiento y llegándose a desarrollar una verdadera labor de trabajo colaborativo que obtenga como resultado una comunidad de aprendizaje.

Tanto el alumnado como ellos mismos están realizando un esfuerzo superior al necesario al no existir esa cohesión en el intercambio de conocimientos ni en la realización de tareas por parte del alumnado, esfuerzo que podrían invertir en llevar a cabo nuevas iniciativas que mejoren la calidad del proceso.

Las clasificaciones y características de los grupos son innumerables, pues son muchos los autores de diferentes materias los que se han interesado por establecer clasificaciones, no obstante, a continuación se establecerán las características, tipos y funciones de los grupos de aprendizaje, centrados sobre todo en la mejora del aprendizaje por medio del denominado **aprendizaje colaborativo.**

IMPORTANTE

La perspectiva de aprendizaje grupal implica la construcción colectiva del conocimiento a dos niveles: el aprendizaje de los contenidos y el aprendizaje de las relaciones.

El aprendizaje grupal ha demostrado ser una metodología eficaz en el ámbito de la formación de personas adultas, ya que permite a las personas participantes adquirir conocimientos, desarrollar competencias y construir aprendizajes significativos de manera colectiva. Para que un grupo se convierta en un auténtico grupo de aprendizaje es necesario que cumpla con una serie de características esenciales que faciliten la interacción, la colaboración y la consecución de los objetivos de formación.

Las características que debe reunir un grupo de aprendizaje son las siguientes:

Objetivo común: las personas que componen el grupo deben compartir un objetivo de aprendizaje claro, definido y asumido por todos:

- Este objetivo compartido proporciona una guía y supone una motivación para el aprendizaje, ya que las personas participantes pueden enfocar sus esfuerzos y responsabilizarse de manera conjunta.
- En los grupos de aprendizaje, el alumnado interactúa, comparte ideas, resuelve problemas y construye conocimientos de manera colaborativa. Esto permite una comprensión más profunda y significativa de los contenidos, al integrarlos desde diferentes perspectivas.
- Para alinear al grupo hacia este objetivo común, se puede realizar una sesión de trabajo en la que se definan conjuntamente los objetivos de aprendizaje del grupo, fomentando la participación y el compromiso de todas las personas implicadas.

Cooperación: las personas participantes deben estar predispuestas a trabajar de forma cooperativa, ayudándose mutuamente, compartiendo recursos e información. Esto fomenta un ambiente de confianza y apoyo, fundamental para el aprendizaje grupal. Para fomentar la cooperación, el alumnado se puede organizar en equipos, para desarrollar proyectos o realizar prácticas de manera colaborativa:

- La predisposición a trabajar de forma cooperativa promueve el apoyo mutuo, el intercambio de ideas y la resolución conjunta de problemas, lo que enriquece el proceso de aprendizaje y favorece la construcción colectiva del conocimiento.
- Al trabajar de forma cooperativa, las personas participantes desarrollan habilidades como la comunicación efectiva, la escucha activa, la resolución de conflictos y la toma de decisiones en grupo. Estas competencias son fundamentales para el desempeño profesional.

Comunicación efectiva: deben existir canales de comunicación fluidos y flexibles en todos los niveles del grupo, que permitan el intercambio de ideas y dudas, así como la retroalimentación:

- La comunicación efectiva puede lograrse a través de debates, puestas en común y un uso adecuado de las tecnologías de la información y la comunicación.
- Es recomendable implementar un sistema de comunicación digital como un foro o un grupo de chat, que permita intercambiar ideas, resolver dudas y retroalimentarse de manera continua.

Interrelación personal: resulta fundamental que todas las personas integrantes del grupo se conozcan entre sí, generen vínculos y se sientan cómodos trabajando juntas:

- A través de actividades de presentación, dinámicas de grupo y espacios de socialización se puede fomentar esta interrelación.
- De esta forma, se genera un ambiente de confianza y respeto que favorece el diálogo, la participación y la disposición a aprender de los demás.

Responsabilidad compartida: el grupo debe corresponsabilizarse de su propio proceso de aprendizaje, asumiendo un papel activo y cumpliendo con las tareas y compromisos necesarios, lo cual se alinea perfectamente con el aprendizaje autodirigido en personas adultas:

- Es recomendable que, en un grupo de formación para el personal docentes, el alumnado pueda acordar y asumir responsabilidades específicas dentro del grupo.
- Al asumir esta corresponsabilidad, el grupo se siente más comprometido y proactivo, lo que se traduce en un mayor esfuerzo, autonomía y autorregulación de su propio aprendizaje.

Liderazgo: debe entenderse como una responsabilidad compartida, donde el equipo tiene un propósito bien definido y que, todas las personas integrantes del grupo, pueden rotar en roles de coordinación, fomentando la autonomía y la toma de decisiones conjunta:

- Este liderazgo colectivo fomenta la toma de decisiones conjunta, la asunción de roles y la distribución de tareas, lo que favorece la participación activa y, por tanto, el aprendizaje significativo en personas adultas.
- Para fomentar esta toma de decisiones conjunta es recomendable organizar reuniones periódicas de planificación y evaluación, donde el alumnado pueda aportar ideas y llegar a acuerdos.

Resultados y efectividad: el producto del esfuerzo se debe tanto al esfuerzo grupal como al individual. El resultado del trabajo debe ser reconocido tanto a nivel individual como grupal. Es importante valorar no solo los resultados finales, sino también el proceso y la responsabilidad demostrada por cada persona:

- Este reconocimiento individual y grupal permite a las personas participantes reconocer sus propios logros y los del resto del grupo, lo cual fortalece la autoestima, la motivación y la sensación de éxito compartido.

- Es recomendable implantar un sistema de seguimiento y evaluación grupal, donde se valoren tanto los resultados individuales como los logros del equipo, fomentando así la responsabilidad compartida.
- Para reconocer los logros, se pueden destinar momentos específicos a celebrar los avances a través de menciones honoríficas, diplomas, insignias y actividades sociales en las que las personas integrantes del grupo pongan de relieve las metas conseguidas.

Negociación y resolución de problemas: el grupo debe estar abierto a discusiones y negociaciones para la solución activa de problemas, fomentando la participación y el compromiso:

- Contar con espacios de diálogo para la solución de problemas permite a las personas participantes desarrollar habilidades de comunicación, de toma de decisiones y de resolución de conflictos; competencias esenciales para el aprendizaje significativo y el desempeño profesional.
- Es recomendable promover espacios de debate constructivo, donde practicar la comunicación asertiva y poder exponer cada punto de vista para llegar a acuerdos.

Teniendo en cuenta las características que debe reunir un grupo para convertirse en un genuino grupo de aprendizaje, se puede definir este como una estructura formada por personas que interactúan en un espacio y tiempo compartidos, con el propósito de lograr determinados aprendizajes a través de su participación activa en el grupo.

El aprendizaje grupal, por tanto, se entenderá como el proceso, la elaboración y la construcción del conocimiento a partir de las experiencias, intereses y objetivos de las personas que forman el grupo.

2.3. Tipos de grupos de aprendizaje

Desde la perspectiva educativa, los tipos de grupos se pueden encontrar clasificados de muchas formas diferentes. Así, dos de los criterios que se pueden utilizar son según la **funcionalidad del grupo** y el **número de integrantes** que este tenga.

Según la **funcionalidad del grupo** podremos encontrar tres tipos diferentes:

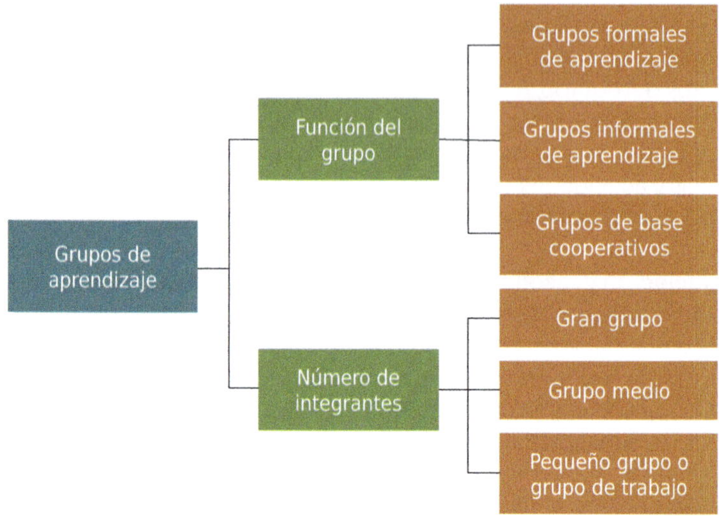

A continuación se explican los principales elementos del esquema:

- **Grupos formales de aprendizaje:** estos grupos tienen una duración de 1 hora durante varias semanas, son creados para alcanzar un objetivo común, en ellos se garantiza la participación activa del alumnado en tareas organizativas e intelectuales.
- **Grupos informales de aprendizaje:** las actividades propuestas a este tipo de grupos pueden ir de 3 a 5 minutos, trata de fomentar un clima propicio que favorezca la organización y la interiorización de los conocimientos por parte del alumnado.
- **Grupos de base cooperativos:** este tipo de grupos tiene un funcionamiento a largo plazo, al menos un año de duración. Aquí las relaciones personales son muy fuertes entre sus integrantes, son grupos heterogéneos y su duración promueve la creación de los vínculos entre sus integrantes. Las relaciones personales favorecen el cumplimiento de las metas propuestas para el grupo.

Por otro lado, en función del **número de integrantes** del grupo podremos encontrar la siguiente clasificación:

- **Gran grupo:** está formado por más de 60 personas. Este tipo de grupos será adecuado para el desarrollo de materias generales verbales o audiovisuales, se considerarán como presentaciones de información que después se trabajarán y profundizarán en grupos más pequeños. Este grupo exigirá a los docentes el dominio de técnicas de comunicación apropiadas, tanto verbales como contando con el apoyo de medios o nuevas tecnologías, que refuercen las exposiciones.

Nota: para el desarrollo de este tipo de trabajo en gran grupo será necesario contar con amplias instalaciones y con auxiliares que ayuden a mantener la disciplina y atención.

- **Grupo medio:** suele estar formado por entre 15-20 personas, en este tipo de grupos es importante favorecer la participación.
- **Pequeño grupo o grupo de trabajo:** suelen estar formados por 3-8 personas. En este tipo de grupos se favorece que el grupo desarrolle cierta autonomía, aportando cada individuo trabajo personal y cooperativo.

ACTIVIDAD COMPLEMENTARIA

10. Tras ver las diferentes clasificaciones de los grupos de aprendizaje, reflexiona sobre las características del grupo de alumnos que tutorizan Roberto y Julia, ¿en cuál de ellas los incluirías? ¿Por qué razones?

2.4. Colectivos en riesgo de exclusión social

Mención aparte merecen los colectivos en riesgo de exclusión social, que aunque no constituyen un grupo en sí, son objetivo prioritario en numerosas ocasiones de las acciones formativas.

Aunque el riesgo de exclusión social se debe a la interconexión de múltiples factores, existen una serie de **causas** que son muy comunes, así como **colectivos con mayor riesgo.**

Las principales causas de exclusión social son:

- El desempleo, especialmente de larga duración.
- El empleo sumergido y el empleo precario.
- La inmigración.
- Las discapacidades físicas, psíquicas, sensoriales y mentales.
- Falta de formación: analfabetismo, falta de habilidades sociales, falta de un nivel cultural mínimo, no adaptación al uso de nuevas tecnologías, etc.
- La edad acompañada de circunstancias como: ser joven y sin formación, ser desempleado menor de 25 años, y mayor de 65 con cargas familiares o dependencias acusadas.
- El sexo y la violencia de género: ser mujer y asumir en solitario las cargas familiares, ser mujer desempleada mayor de 45 años.

- Familias monoparentales o desestructuradas.
- Situación de pobreza persistente.
- Pertenencia a grupos de fuerte rechazo social: exreclusos, drogodependientes o exdrogodependientes, enfermos de sida, etc.
- La pertenencia a una raza o etnia minoritaria.

Por otro lado, los principales colectivos en riesgo de exclusión social son:

- Personas con algún tipo de diversidad funcional, física, psíquica, sensorial, etc.
- Los desempleados: desempleados de larga duración, con escasa formación o demasiado jóvenes o mayores de 45 años.
- Los inmigrantes.
- Mujeres con cargas familiares no compartidas: madres solteras, viudas, separadas o divorciadas, con cónyuge hospitalizado, emigrado o encarcelado y abuelas y tías con niños a su cargo.
- Mayores de 65 años con cargas familiares.
- Grupos de pobreza persistente: personas sin hogar, enfermos pobres y personas por debajo del umbral de la pobreza.
- Grupos con fuerte rechazo social: toxicómanos y extoxicómanos, alcohólicos, reclusos y exreclusos y enfermos de sida.
- Otros: excluidos rurales y etnia gitana.

Es importante que el personal docente que imparta las acciones formativas con estos colectivos sea el adecuado. Para ello, debe tener una serie de características, ¿sabes cuáles son?

Los **rasgos o características** que deberá poseer la persona que imparta formación a estos colectivos son las siguientes:

Empatía	Liderazgo moral
- No bastará con simpatizar con ciertos colectivos en desventaja, será necesario ponerse en su lugar y comprender los problemas y dificultades con los que se encuentran en su vida cotidiana.	- En ocasiones estos colectivos necesitan reconducir sus actitudes y conductas en base a nuevos modelos o modelos de referencia.
Orientación para la autonomía	**Liderazgo**
- Deben fomentar el protagonismo y autonomía en el proceso de aprendizaje del propio individuo.	- Deben fomentar el trabajo en equipo y colaborativo.

ACTIVIDAD COMPLEMENTARIA

11. Investiga sobre diferentes proyectos e iniciativas que se estén llevando a cabo en tu localidad o barrio con colectivos en riesgo de exclusión social.

ACTIVIDAD 9

Andrés trabaja en el departamento de ventas de una empresa en la que cada uno sigue sus propios criterios y métodos, no tienen un protocolo de actuación común. En un intento por mejorar las ventas, encargan a Luisa, que obtiene muy buenos resultados, que dé una charla a sus compañeros sobre la forma de actuar, para que el resto de personas aprendan y apliquen sus métodos.

Pero tras la misma, los resultados no mejoran, y es que con solo una charla no es suficiente... Para ello, es necesario formar una verdadera comunidad de aprendizaje, en la que todos participen y colaboren para la mejora de los resultados. ¿Qué características debe tener este grupo para conseguirlo?

Selecciona las opciones que consideres correctas.

a. Debe existir una predisposición a la cooperación por parte de los componentes del grupo.
b. Debe existir una predisposición a la competitividad por parte de los componentes del grupo, para motivarse superando las cifras de venta del resto del equipo.
c. Deben seguirse las indicaciones de Luisa, que actuará como líder del grupo, dados sus resultados.
d. Los participantes deben conocerse e interrelacionarse entre sí, existiendo redes de comunicaciones fluidas y flexibles.
e. Ante cualquier problema, la solución debe proponerla la persona responsable, que en este caso será Luisa.

3. Fases del desarrollo grupal

HILO CONDUCTOR

Julia, tutora del curso, durante unas de las sesiones de tutoría les cuenta al alumnado un proyecto en el que participó en el que se integran las ciencias naturales y el inglés, de forma que se ha desarrollado un trabajo colaborativo por parte de los docentes, que por un lado, no han tenido que desarrollar todo el trabajo ellos solos, y por otro, han beneficiado al alumnado, ya que trabajan mediante las mismas tareas ambas materias.

Mediante el conocimiento y análisis de este caso, los participantes por fin comprenden la importancia de la formación del grupo para mejorar la calidad formativa, ¡y ya están pensando diferentes acciones e iniciativas para llevar a cabo esa colaboración!

Pero antes de que puedan ver los resultados, les queda un largo camino por recorrer.

Tanto los grupos de aprendizaje como los que no lo son, van a pasar por una serie de fases que darán origen a una evolución en los mismos. Para los grupos, de forma general, Bruce W. Tuckman, propone la **teoría de las 5 etapas del desarrollo grupal,** que son las siguientes:

1. **Formación:** es el momento en que se unen las personas que hasta el momento han sido independientes, es una etapa de incertidumbre sobre el papel que va a desarrollar el grupo, quién está al cargo del mismo, cuáles son los objetivos, etc.
   Nota: en esta etapa existe poca confianza y comienzan a surgir los roles o papeles de los integrantes del mismo.
2. **Tormenta:** se trata de un período de prueba en el cual se trata de determinar la estructura general del grupo y se forman subgrupos.
3. **Normatividad:** se empieza a crear el sentimiento de pertenencia al grupo, se refuerzan los sentimientos de unión y se respeta la jerarquía del mismo.
4. **Ejecución:** en esta fase el grupo es muy productivo, resuelve los problemas con fluidez, existe una comunicación abierta, un compromiso grupal y una intensa cooperación.
5. **Terminación:** se produce el fin o disgregación del grupo, cuando el objetivo que los mantenía unidos se ha concluido, el grupo tiene la sensación de pérdida y se produce el momento de pasar a otra actividad,

también es el momento para las celebraciones por los objetivos conseguidos.

En relación a los **grupos de aprendizaje,** se debe tener en cuenta que el aprendizaje grupal es un proceso de elaboración conjunta, donde el conocimiento no se da como algo acabado, sino más bien como un proceso de construcción por parte de los integrantes del grupo.

Dentro del **aprendizaje grupal,** los integrantes del grupo se reúnen con la finalidad de alcanzar una determinada meta y pasan por una serie de **fases** en relación la misma, que son:

Pretarea	Tarea	Proyecto
- Se caracteriza por la resistencia del grupo ante una nueva situación de aprendizaje, ya que se plantea un cambio y todos los cambios pueden resultar amenazas, generándose miedo. Este miedo puede estar fundamentado en estereotipos y puede producir en el alumnado rechazo o indiferencia ante los nuevos objetivos.	- La tarea se constituye como el eje central del grupo. Paralelamente, van a coexistir dos tareas grupales, las tareas explícitas (anteriormente mencionadas) y la tarea implícita, en la que se van a poner al descubierto las emociones, rechazos, frustraciones, etc., de los integrantes del grupo.	- Es el momento o fase en que la tarea trasciende y el grupo se plantea objetivos a largo plazo, se produce un compromiso de los integrantes con la tarea y sus posibilidades y limitaciones.

TAREA 13

En un periódico digital se ha formado un grupo de aprendizaje. Actualmente, han tenido lugar varios acontecimientos:

- Una persona se ha establecido claramente como líder.
- Se han formado diferentes subgrupos.
- Se empiezan a establecer pautas de conducta, aunque aún no han sido asumidas por los integrantes del grupo.

Continúa en página siguiente >>

<< Viene de página anterior

- Los integrantes del grupo se centran en el trabajo individual, y no expresan sus emociones, se muestran tímidos e inseguros ante la participación.

¿En qué fase de desarrollo se encuentra este grupo? ¿Qué fases les quedan pendientes y qué acontecimientos deben suceder para que el grupo alcance su máximo desarrollo?

4. Técnicas de dinamización grupal, situación y objetivos de aprendizaje

HILO CONDUCTOR

Julia y Roberto comprueban encantados el cambio de actitud en el alumnado y su disposición para conseguir sus objetivos de forma conjunta. Aunque conforme van avanzando en el curso, se da cuenta de que algunos alumnos ofrecen resistencia a este cambio, y además, con las ganas solo no es suficiente. Al no estar acostumbrados a ello, la comunicación e interacciones que llevan a cabo no son eficaces...

Por este motivo, deciden reorientar el proceso, y revisar de nuevo el material sobre el que están trabajando, contenidos y actividades, de modo que la acción se desarrolle de forma más dinámica.

Para que sea posible una colaboración real y efectiva, no es suficiente con decirle al grupo que colabore y participe, hay que **fomentar la colaboración,** y esto puede hacerse mediante:

- El diseño y organización de **contenidos y recursos** didácticos.
- El diseño y planteamiento de **actividades** de aprendizaje.
- La utilización de **estrategias y técnicas** de dinamización de grupos.

Todo ello debe hacerse con una finalidad: la **dinamización grupal.** Dentro la misma, se plantean diferentes objetivos:

1. Estimular el **aprendizaje grupal y colaborativo** sobre el tema o materia objeto de la acción formativa.
2. Trabajar sobre los **conceptos** desarrollados en las fases teóricas.
3. Controlar o evaluar la eficiencia real del **aprendizaje a través** de demostraciones en la **vida real.**
4. Tomar conciencia de los **problemas** planteados, haciéndolos **accesibles** tanto racional como emocionalmente.
5. La aplicación práctica de los conceptos teóricos y su **traducción a situaciones reales.**
6. **Resolver los conflictos** existentes con un clima más favorable para su solución.
7. Ayudar al **avance continuado** del grupo y superar las posibles fases de estancamiento.
8. Realizar un **análisis** profundo de los **problemas.**
9. Dar a conocer **pautas de comportamiento.**

IMPORTANTE

Para la dinamización de las comunidades de aprendizaje en los entornos virtuales será necesario el uso de técnicas y recursos didácticos disponibles para ello, tales como foros, chat, wikis, etc., para lo que los docentes y tutores deberán crear estrategias específicas para fomentar la participación en dichos entornos.

4.1. Diseño y organización de contenidos y recursos didácticos

HILO CONDUCTOR

Para reorientar el proceso formativo de acuerdo a las características del grupo (aún en su primera fase de desarrollo), Julia y Roberto comienzan por revisar los contenidos y realizar algunas adaptaciones para que este sea más dinámico y desde el mismo se fomenten las actitudes y habilidades necesarias en el alumnado.

¿Pero cómo deben adaptar Julia y Roberto el contenido del curso?

Para adaptarlo al grupo, lo primero que deben hacer es conocer bien sus **características y preferencias,** de modo que los elementos del curso se orienten a sus preferencias.

Se debe conseguir mediante el contenido dar más **dinamismo** al curso, e incrementar el **interés e implicación** del alumnado, al mismo tiempo que desarrollan en ellos las capacidades necesarias para la comunicación, cooperación y participación activa. Por ello, deben:

- Plantear un contenido cercano a la realidad laboral del alumnado, con lenguaje claro y directo, mediante ejemplos concretos.
- Incluir recursos gráficos, multimedia e interactivos, que permitan una mejor retención de la información, así como la consecución de un curso más ameno.
- Permitir flexibilidad en la secuenciación del contenido, incluso omitiendo aquello que no sea de interés y utilidad para el alumnado.
- Proporcionar al alumnado material complementario: proyectos, enlaces web, etc., o las fuentes para buscarlos, de modo que puedan profundizar según sus intereses y se fomente la investigación y búsqueda de nuevas ideas.
- Plantear el curso dando lugar a cuestiones abiertas que inviten al debate y construcción del conocimiento.
- Definir claramente las metas a alcanzar, de forma que el contenido se encuentre alineado con las mismas.

En definitiva, es importante conocer al alumnado, sus características, necesidades y preferencias, de modo que los elementos del curso se orienten a las mismas.

Un buen diseño de las actividades de aprendizaje fomenta la motivación del alumnado, dando lugar a una mayor participación e interacción.

EJEMPLO

En el departamento de ventas de una empresa no se dedican a la venta por teléfono, y el segundo módulo del curso que están realizando trata precisamente de eso, por lo que el tutor decide organizar el contenido de otra forma, teniendo en cuenta las características y realidad laboral del alumnado, de modo que deja de lado ese tema y se centra en aquellos que son de aplicación a la práctica diaria del departamento. Esto podrá realizarse debido al tipo de curso que es (privado), en otros casos habrá que respetar y cumplir el temario.

ACTIVIDAD 10

En un curso impartido por una empresa privada de formación, sobre "Escritura creativa", están abordando la poesía, pero los participantes del mismo manifiestan de forma unánime que no les interesa en absoluto, que se han apuntado al curso por unas razones, entre las cuales no está la poesía... ¿qué hará el docente en este caso?

Selecciona las opciones que consideres correctas.

a. Dejar el temario tal y como está, ya que la planificación del curso es algo cerrado y no puede cambiarse según los intereses de los participantes.
b. Continuar con otra parte del curso, ante el consenso de todo el grupo.
c. Dar el material sobre la poesía al alumnado, aunque no lo vean en clase, por si en algún momento deciden ampliar sus intereses en ese sentido.
d. Dar solo la parte teórica en relación a la poesía, y dejar la práctica de lado, ya que no les interesa.
e. Dar solo la parte práctica en relación a la poesía, y dejar la teoría de lado, ya que es más aburrida.

TAREA 14

En un curso sobre "Aplicación de plaguicidas" que se realiza en modalidad virtual, el docente, aunque el alumnado no le ha dicho nada directamente, oye

Continúa en página siguiente >>

<< Viene de página anterior

comentarios en las sesiones presenciales en los que los participantes manifiestan su descontento, dicen que se aburren, que en la plataforma lo único que hacen es leer contenido, texto y más texto que no les aclara nada... por lo que el docente decide revisar el contenido y recursos del aula virtual, para intentar dar solución a esta situación.

¿Qué debe hacer al respecto? ¿Qué recursos debe incluir o de qué forma debe organizar el contenido en la plataforma para que sea más ameno y acorde con las características del alumnado?

4.2. Diseño y planteamiento de actividades de aprendizaje

Las actividades de aprendizaje nos van a servir como vehículos para aprender, adquirir o construir los conocimientos, así como para hacer que dichos conocimientos sean funcionales y/o instrumentales.

 **EJEMPLO**

La taxonomía de las actividades de Bloom las diferencia entre actividades de conocimiento, comprensión, aplicación, análisis, síntesis y evaluación.

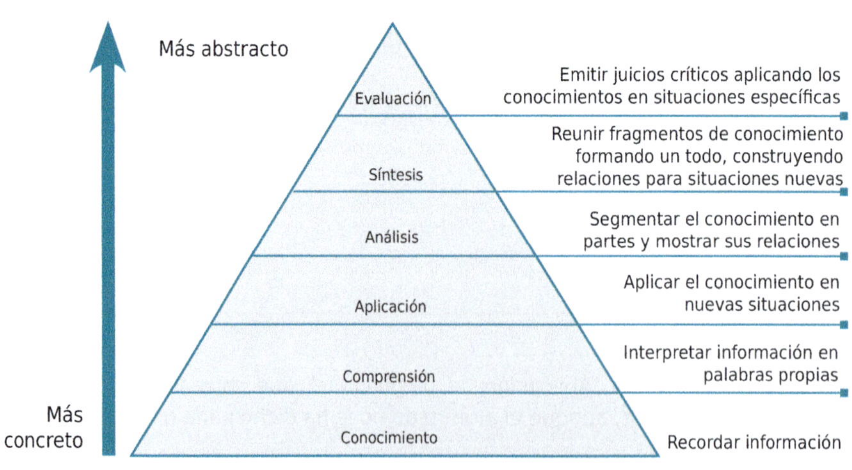

Taxonomía de Bloom en función de los objetivos del aprendizaje

En base a la categorización descrita en la imagen anterior podríamos establecer una relación entre los niveles de complejidad y aplicación de los conocimientos a adquirir por medio de los diferentes tipos de actividades para proponer al alumnado.

Además de la elección del tipo de actividad en base al nivel de conocimiento requerido para cada tipo de actividad, se deberán tener en cuenta una serie de criterios generales para el diseño de las mismas:

- Deben estar orientadas a la consecución de los objetivos del aprendizaje.
- Los procedimientos e instrucciones para su realización deben ser claros para el alumnado.
- Para el diseño de las mismas deben tenerse en cuenta los diferentes estilos de aprendizaje que puede tener el alumnado.
- El contenido de las actividades debe ser relevante y aplicable, y plantear al alumnado situaciones reales del ámbito laboral.
- Deben ser motivadoras.
- Deben estar orientadas a la cohesión y participación grupal.
- Deben apoyarse en los medios TIC.

VÍDEO

La Taxonomía de Bloom tiene vital importancia en la planificación y evaluación de acciones formativas con personas adultas. Su lista de objetivos -o niveles- no puede faltar en el punto de partida del proyecto formativo, pues resulta útil para diseñar las actividades de forma lógica y poder evaluarlas posteriormente de forma sistematizada.

En el siguiente vídeo puedes visualizar una explicación de los niveles de la Taxonomía y su secuencia lógica en el proceso de aprendizaje.

https://redirectoronline.com/uf16450201

4.3. Construyendo la actividad de aprendizaje

HILO CONDUCTOR

Una vez que Julia y Roberto han hecho los cambios necesarios en los contenidos que van a ver durante el resto del curso y han conseguido que sean más dinámicos, analizan las actividades que han planteado para la evaluación del alumnado.

Aunque están muy bien, creen que deberían plantear más actividades, que partan desde el contenido, de forma que la cooperación en la realización de las tareas sea algo presente en todo momento.

La finalidad de las actividades es el **aprendizaje del alumnado y entrenamiento de sus capacidades,** por lo que además de las actividades de evaluación propiamente dichas, el docente puede diseñar otro tipo de actividades, que se integrarán en el contenido, y servirán para tal fin. Además, a través de las mismas se podrá observar la conducta del alumnado, y analizar las necesidades individuales de cada uno de los participantes.

IMPORTANTE

Las actividades para la evaluación del alumnado deben tener los siguientes elementos: título, objetivo, enunciado, recomendaciones, criterios de evaluación, fecha de entrega, forma de entrega.

En este tipo de actividades, el docente debe plantearse igualmente las metas, criterios de evaluación (aunque no sea obligatoria la actividad, se tendrá en cuenta valorando la participación, calidad de intervenciones, etc., lo que se indicará en la guía del alumnado) y otros aspectos de diseño.

De cara al alumnado, las actividades de aprendizaje serán actividades cortas, que permitan en todo momento mantenerlos conectados con la realidad e **incrementar su motivación.**

EJEMPLO

En un curso para el departamento de ventas de una empresa de telefonía móvil en modalidad virtual, se está tratando la comunicación telefónica, concretamente las habilidades para la comunicación oral. Un alumno ha planteado una situación en la que se vio implicado un compañero de la empresa hace años, en la que acabó discutiendo con el cliente, y este se dio de baja en el servicio.

El docente decide trabajar a través de esta historia, por lo que la plantea como ejemplo en el contenido del curso, creando para ello un personaje como protagonista, Lidia. Y a continuación plantea la siguiente actividad al alumnado:

Analiza los errores que ha cometido Lidia en esta situación. ¿Qué habilidades para la comunicación no ha aplicado de forma adecuada? ¿De qué forma debería haber actuado?

TAREA 15

Se está desarrollando un curso sobre "Creación de contenidos para la formación en modalidad virtual".

Una de las unidades didácticas de dicho curso es "Creación de contenido digital con herramientas informáticas". El contenido que se trata en el mismo es el manejo de dichas herramientas para la creación de contenidos, conocidas como "herramientas de autor", y el objetivo que plantea el docente al alumnado para la misma es "Manejar herramientas de autor para la creación de contenidos multimedia interactivos".

Diseña una actividad de aprendizaje que sea adecuada para dicha unidad, atendiendo a criterios motivadores, formativos y participativos.

4.4. Técnicas de dinamización grupal

Tanto para la explicación del contenido como en las actividades concretas que se han planteado, para favorecer la colaboración, el docente debe utilizar en las sesiones formativas **estrategias y técnicas de dinamización de grupos.**

Para el adecuado desarrollo de las dinámicas de grupo, se tendrán en cuenta una serie de **factores o principios clave:**

- La creación de un ambiente propicio.
- Reducción de tensiones, se deben lograr buenas relaciones interpersonales.
- Fomentar el liderazgo distribuido, de modo que todos los miembros pongan en juego sus aptitudes y habilidades.
- Formular los objetivos adecuados a los intereses del grupo.
- El grupo no debe ser rígido, debe existir flexibilidad.
- Debe existir consenso en la toma de decisiones, se debe fomentar la participación en un medio democrático.
- Comprender el proceso por parte de los miembros para orientar o modificar los objetivos.
- El grupo debe analizar su proceso y cómo se van logrando los fines propuestos mediante una permanente evaluación.

IMPORTANTE

Se debe tener en cuenta que el rol adecuado del docente es el de facilitador del aprendizaje.

Teniendo en cuenta los factores vistos anteriormente, ya pueden decidirse las técnicas de dinamización grupal que se van a aplicar, que pueden clasificarse del siguiente modo:

Producción

Aporta enseñanza-aprendizaje, se utiliza para aprender conceptos y teorías.

Análisis de casos: consiste en proporcionar una serie de casos que representen situaciones problemáticas diversas de la vida real para que se estudien y analicen.

Grupo de discusión: conversación cuidadosamente planeada, diseñada para obtener información de un área definida de interés, en un ambiente permisivo, no directivo. Para llevarlo a cabo se forman grupos de aproximadamente 7 a 10 personas, guiadas por un moderador experto.

Phillips 66: pequeños grupos de 6 personas debaten durante 6 min sobre un tema concreto, obteniendo una conclusión general.

Seminario: un pequeño grupo, previa investigación y documentación de las fuentes de información sobre el tema a tratar, expone sus conclusiones al resto del grupo.

Grupo nominal: con esta técnica, un grupo de trabajo estudia algún tema, problema o solución con el que se pretende llegar al consenso, que se consigue según las prioridades e importancia establecida por el grupo, a través de votación de los participantes.

Mesa redonda: consiste en un grupo de discusión en torno a un tema relevante dirigido por un moderador.

Foro: en esta técnica varias personas discuten sobre un tema determinado ante un auditorio.

Lluvia de ideas o *brainstorming*: es una técnica que incita al grupo a generar diferentes ideas originales sobre un tema determinado, en principio toda idea es válida, ninguna es rechazada.

Reflexivas

Estas técnicas se utilizan en las 'terapias de grupo'.

De movilización

Fortalecen el grupo, facilitan el desarrollo de una situación problemática en el desarrollo de la tarea.

NOTA

Todas estas técnicas, gracias a las herramientas de comunicación y la Web 2.0, pueden aplicarse tanto en modalidad presencial como virtual.

ACTIVIDAD COMPLEMENTARIA

12. Piensa en otras técnicas de dinamización grupal que conozcas y explica cómo se llevan a cabo.

ACTIVIDAD 11

Juan se encuentra impartiendo clase presencial con un grupo de jóvenes sobre la *instalación de muebles modulares en carpintería*. Antes de nada pretende conocer cuáles son las ideas previas que el grupo tiene sobre qué es un mueble modular, ¿qué técnica de grupo consideras que es la más apropiada para que el alumnado facilite respuestas sobre sus conocimientos?

a. Análisis de casos.
b. Phillips 66.
c. Seminario.
d. *Brainstorming*.
e. Mesa redonda.

4.5. Elección de técnicas de dinamización de grupos adecuadas

Al plantear el uso de dinámicas grupales, no es suficiente con diseñar la actuación a desarrollar, sino que hay que elegir la técnica adecuada. Para ello, se tendrán en cuenta una serie de criterios:

- Materia que se esté trabajando.
- Objetivos que se persiguen.
- Madurez del grupo.
- Tipo de modalidad.
- Materiales de los que se dispone.
- Capacitación del docente.

En relación a la **madurez y desarrollo del grupo,** las diferentes dinámicas grupales se pueden clasificar del siguiente modo:

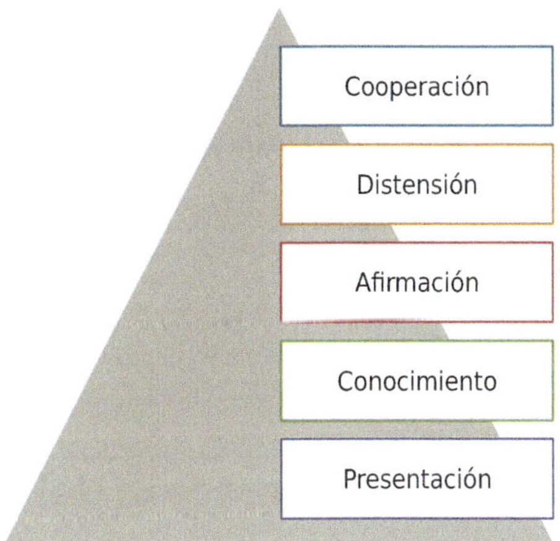

A continuación, se explican cada una de ellas:

- **Cooperación:** pretende fomentar la colaboración y desarrollar el trabajo en equipo.
- **Distensión:** el objetivo es aumentar la participación y comunicación de cada uno de los miembros del grupo.
- **Afirmación:** se basan en favorecer el sentimiento de grupo y consolidar los conocimientos que se tienen sobre los demás integrantes del mismo.
- **Conocimiento:** su objetivo será la profundización en lo que se ha aprendido sobre los demás componentes del grupo.

- **Presentación:** su fin u objetivo principal será favorecer el conocimiento y la interrelación de todos los integrantes del grupo.

IMPORTANTE

Todas las dinámicas de grupo deberán ser adaptadas a la modalidad de impartición en la que se esté desarrollando la acción formativa, pues no será lo mismo realizar una dinámica de presentación en una modalidad presencial que a través de teleformación.

TAREA 16

Diseña una dinámica de grupos que fomente la cooperación, para un grupo de jóvenes de ambos sexos menores de 25 años que se encuentran realizando una acción formativa sobre Prevención de riesgos laborales en hostelería.

Estas personas ya se conocían anteriormente, por trabajar en la misma empresa, y tienen buena relación entre ellos.

5. Coordinación y moderación del grupo

HILO CONDUCTOR

Con todos los elementos del curso diseñados acorde a las características del grupo, Julia y Roberto comprueban que el alumnado poco a poco va relacionándose e interactuando de manera diferente, pero su labor se está complicando, y tiene que estar muy pendiente de su propia forma de actuar, ya que las funciones que tiene que desempeñar para este curso y grupo de alumnos en concreto, son muy diferentes a la simple transmisión de contenidos al alumnado para la asimilación por parte de estos.

El docente, en la educación de personas adultas, debe actuar como **moderador y dinamizador** del grupo, coordinando y guiando todas las actividades que se lleven a cabo. Para ello, debe tener una serie de características y actitudes específicas.

En primer lugar, se podrán diferenciar principalmente tres **estilos docentes,** los cuales están en relación con el enfoque o paradigma educativo bajo el que se esté llevando a cabo la acción formativa.

Estilo magistral	Estilo práctico	Estilo crítico
- El docente es el centro del proceso de enseñanza-aprendizaje. - Está enfocado principalmente a los resultados.	- Las sesiones se llevan a cabo mediante talleres, trabajos, juegos grupales, etc. - Es un estilo centrado en la actividad práctica.	- El centro del proceso es el alumnado y las sesiones se desarrollan a través de centros de interés. - Está orientado hacia la promoción del pensamiento crítico y racional.

DEFINICIÓN

Estilos docentes o pedagógicos
Repertorio de comportamientos pedagógicos repetidos o preferidos, los cuales caracterizan la forma de enseñanza (Erika Himmel, 2008).

ACTIVIDAD COMPLEMENTARIA

13. Reflexiona sobre los diferentes estilos docentes. ¿Cuál de ellos crees que es más adecuado para el docente que ejerce su función como moderador?

5.1. Tipo de respuestas ante las actitudes del alumnado

Ante estos estilos y el proceso de enseñanza-aprendizaje en sí, el alumnado —en este caso personas adultas—, va a mantener por norma general una serie de actitudes, algunas positivas y otras negativas.

No obstante, forman parte del proceso de enseñanza-aprendizaje y será necesario conocerlas para tenerlas en cuenta en los procesos. Estas **actitudes** son las siguientes:

- **Resistencia:** las personas adultas se oponen de forma consciente o no a los cambios que se producen tras el proceso de aprendizaje, pues las novedades pueden suponer amenazas.
  Importante: para vencer este tipo de resistencia, el docente deberá fomentar la visión positiva hacia los cambios.
- **Interés:** habitualmente, los adultos asisten a clase por su propia voluntad, con lo que se crean una serie de expectativas que de no cumplirse podrán favorecer el desinterés por parte del alumnado. Para enfrentarse a esta actitud el docente deberá tener muy claro cuáles son los fines o metas que se proponen los alumnos.
- **Curiosidad limitada:** las personas adultas solo optarán por la formación cuando esta responda a una necesidad, por eso cuando se enfrenta a nuevos retos o tareas debe tener muy clara la conexión entre cada actividad y el objetivo, evidenciar estas conexiones será parte de la labor del docente.
- **Impaciencia:** el alumno adulto quiere desarrollar sus conocimientos y dar respuestas a sus necesidades en un plazo de tiempo definido, por lo que tiende a ser más impaciente.
  Nota: será responsabilidad del docente adaptar adecuadamente los tiempos a los contenidos y actividades, con el fin de satisfacer en la medida de las posibilidades a todo el grupo.
- **Responsabilidad:** las personas adultas están acostumbradas a tomar decisiones y requieren de una elevada participación en el proceso de enseñanza-aprendizaje. Por norma general, rechazarán un estilo docente impositivo o autoritario, por lo que el docente deberá facilitarle la toma de responsabilidad en su propio proceso y darle la oportunidad de valorar y evaluar tanto el proceso como los resultados.
- **Emotividad:** las emociones juegan un papel fundamental en el aprendizaje de las personas adultas, pues entra a formar parte de las necesidades del individuo, en ningún caso se harán críticas negativas en público, ni se deberá permitir que el aprendizaje del alumno trascienda del aula, pues el temor al ridículo o la frustración se pueden tornar decisivas en el proceso.

- **Motivación:** la motivación está relacionada con el alcance de las necesidades u objetivos, el poder motivador de una actividad será mayor cuanto más conecte con las necesidades del individuo.
- **Evaluación o verificación:** el alumno adulto necesita la evaluación continuada de todo el proceso para verificar la eficacia del mismo.

Ante estas actitudes y actuaciones por parte del alumnado, el personal docente debe tener una serie de habilidades, que le permitan dar respuesta a las mismas:

Rigor técnico-científico
- Se deben manejar con soltura los conocimientos a impartir, tanto técnicos como prácticos y teóricos.

Transparencia didáctica
- Hacer llegar al alumnado los fines y objetivos de la formación y explicar las conexiones de los mismos con los conocimientos o actividades que se lleven a cabo en cada sesión, además de enfocar el estilo didáctico o pedagógico adecuado para cada sesión de trabajo y poseer habilidades comunicativas.

Cercanía emocional
- Se debe crear un entorno y clima de trabajo positivo, que favorezca el trato personal y la creación de un grupo de trabajo colaborativo.

5.2. Actitudes ante el trabajo grupal

Además de las respuestas a las actitudes anteriores, el docente como coordinador y moderador del aprendizaje deberá desarrollar en el grupo una **sensibilización hacia el trabajo grupal,** por lo que deberá promover en el grupo las siguientes actitudes:

- **Reflexión grupal:** reflexión grupal sobre las metas y logros en relación a las tareas.
- **Actitud de diálogo:** una actitud de diálogo como parte esencial de la interacción grupal.
- **Integración de formas de trabajo:** la integración de las formas de trabajo individuales y grupales.

- **Procesamiento crítico:** la formación de habilidades y actitudes para el pensamiento crítico.
- **Compromiso:** el compromiso del alumnado con el desempeño de la tarea.
- **Responsabilidad:** la responsabilidad en la organización grupal para el desempeño de las tareas.

De este modo, mediante el desarrollo de estas actitudes, el alumnado será el centro y artífice del proceso de enseñanza-aprendizaje, siempre en colaboración con el resto de participantes, y **el docente supervisará el proceso, guiando y orientando al alumnado.**

Las **tareas que llevará a cabo** mediante la coordinación y moderación del grupo serán las siguientes:

- Comprobar la implicación del alumnado en el curso.
- Verificar que se están consiguiendo los objetivos planteados.
- Asegurarse de que el grupo esté captando todos los contenidos.
- Ayudar a resolver conflictos.
- Facilitar la participación activa del alumnado.

IMPORTANTE

La coordinación y moderación de los grupos podrá realizarse mediante el desarrollo de la labor docente, las dinámicas de grupo y las tutorías.

ACTIVIDAD 12

En un curso en modalidad presencial, el docente intenta que todo el alumnado participe y se integre en el grupo mediante la realización de dinámicas, y en caso de que algún alumno no lo haga, hace todo lo posible para que se integre, facilitando esta participación, pero a su vez, sin que se sienta presionado para hacerlo.

De este modo, está desempeñando una de las tareas más importantes dentro de su función de coordinación y moderación del grupo, como es "Facilitar la

Continúa en página siguiente >>

<< Viene de página anterior

participación activa del alumnado". Pero además de esta, ¿qué otras tareas debe realizar en el desempeño de esas funciones?

Selecciona las opciones que consideres correctas.

a. Comprobar la implicación del alumnado en el curso.
b. Verificar que se están consiguiendo los objetivos planteados.
c. Asegurarse de que el grupo esté captando todos los contenidos.
d. Ayudar a resolver conflictos.
e. Imponer su autoridad para evitar que el alumnado se desvíe de los objetivos planteados.

5.3. Coordinación y moderación en grupos en modalidad virtual

En el desarrollo de las labores de coordinación y moderación grupal, los docentes deberán tener en cuenta las siguientes variables:

- Número de alumnos.
- Modalidad de impartición.
- Objetivos que se quieren conseguir.

NOTA

El Real Decreto 659/2023, de 18 de julio, por el que se desarrolla la ordenación del Sistema de Formación Profesional establece las ratios adecuadas para la impartición en modalidad virtual: para los grados A (Acreditación parcial de competencia), B (Certificado de Competencia) y C (Certificado Profesional) la ratio por profesor, formador o persona experta es de 35 alumnos.

Cuando la acción formativa se imparte en modalidad virtual, el docente deberá tener en consideración las siguientes **premisas para lograr una buena coordinación** del grupo:

- **Tema central:** introducir el tema central o materia de debate relacionándolo con otros materiales que se hayan trabajado de forma individual o grupal antes, indicando claramente cuáles son los aspectos a los que el alumnado debe responder.
- **Argumentos:** fomentar en el alumnado el desarrollo de los argumentos propios y de los compañeros como medio para fomentar la interrelación del alumnado.
- **Información y contenidos:** desarrollar información y contenidos a modo de experto para ofrecer más información al grupo sobre unos determinados conocimientos y ampliar los temas de discusión.
- **Intervenciones:** integrar y conducir las intervenciones de los diferentes participantes para reconducirlos hasta la temática central.
- **Conexión de contenidos:** fomentar el desarrollo de contenidos globalizados, relacionando todos los contenidos entre sí.
- **Preguntas:** lanzar preguntas que puedan ayudar al alumnado a descubrir posibles contradicciones o inconsistencias en sus aportaciones.
- **Resúmenes:** realizar resúmenes a modo de conclusión antes de continuar con la siguiente materia.
- **Habilidades de comunicación:** ayudar al alumnado en sus habilidades de comunicación, señalándoles, en privado, sus posibles mejoras para un mayor entendimiento con el grupo.

ACTIVIDAD COMPLEMENTARIA

14. Tras conocer las funciones que debe desempeñar un docente en relación al grupo, ¿cómo fomentarías el desarrollo de la actitud de compromiso en el transcurso de una acción formativa en modalidad virtual?

TAREA 17

En un curso en modalidad virtual, dos de los participantes actúan de forma muy individualizada, y ni siquiera responden a los debates planteados en los foros. El docente, desempeñando una función dinamizadora y motivadora, ¿qué tareas concretas debe llevar a cabo con estas personas para lograr que se integren y participen en el curso?

Analiza el rol y las funciones que debe desempeñar el docente en este caso.

5.4. Resolución de conflictos

HILO CONDUCTOR

Marta y Carlos, dos alumnos del curso que tutorizan Julia y Roberto, están realizando un proyecto en común para la evaluación de la acción formativa, pero entre ellos surge un conflicto, al no ser capaces de ponerse de acuerdo en el enfoque que quieren dar al mismo, ¿qué pueden hacer en este caso los tutores?

Un conflicto humano es una situación en la que dos o más individuos entran en confrontación, emprenden acciones antagónicas con el objetivo de dañar, neutralizar o eliminar al rival. La confrontación podrá ser física o verbal, de esta forma se conseguirán o alcanzarán aquellos objetivos o metas que motivaron la confrontación.

Ante estas situaciones, los docentes deberán desarrollar una serie de **actitudes que permitan la resolución conflictos de una forma positiva.**

APLICACIÓN PRÁCTICA

¿Cuál de estas actitudes crees que deben tener Julia y Roberto?

- **a. No debe interponerse entre ambos, debe dejar que resuelvan el conflicto ellos. Así, quien logre imponerse en este conflicto adquirirá el liderazgo y en próximas ocasiones será quien tome las decisiones en caso de haya desacuerdo entre ellos.**
- **b. Debe imponer su autoridad, y hacer que se siga la opción que ella crea más conveniente, de entre las que plantean ambas partes.**
- **c. Debe actuar orientando las relaciones del grupo e interacciones que se dan en el mismo, para que el alumnado adquiera unos valores, capacidades y actitudes que les permitan afrontar las distintas situaciones de forma cooperativa.**

Continúa en página siguiente >>

<< *Viene de página anterior*

Solución

Su labor, de coordinación, moderación y orientación en los grupos, consiste en desarrollar en el alumnado las habilidades necesarias para evitar el conflicto, y en caso de que surjan diferencias, enfrentarse y dar una solución de forma conjunta.

Para conseguir que la resolución de conflictos sea positiva, el docente debe **controlar las variables educativas,** como la motivación, las relaciones interpersonales, las normas grupales, favorecer la empatía, etc. De este modo, conseguirá que el alumnado:

- Contempla los conflictos como una ocasión de crecer y formarse, si tras el conflicto se busca una solución colaborativa y que suponga un esfuerzo conjunto se mejorará la satisfacción de las partes implicadas.
- Usa la educación socioemocional para evitar y resolver los conflictos y aprovechar los conflictos a su vez, para fomentar la educación socioemocional, intentando a través de ellos favorecer el desarrollo de actitudes positivas.
- Crea un buen clima de trabajo y un buen ambiente; fomentándose el aprendizaje cooperativo. Será uno de los mejores medios para evitar la aparición de conflictos.

NOTA

Los conflictos se pueden resolver mediante las dinámicas de grupo, con las cuales se puede fortalecer al grupo.

5.5. La mediación. La figura del mediador

¿Pero qué ocurre en caso de que dos o más personas entre las que ha surgido un conflicto no sean capaces de resolverlo de forma positiva?

En ese caso, se puede recurrir a la **mediación.** Se trata de un proceso estructurado por el cual las personas enfrentadas se reúnen en presencia de una tercera persona imparcial, el mediador y buscan soluciones de forma conjunta.

En la mediación, la figura del **mediador** no es un juez ni un árbitro, nunca impone su punto de vista, su función se centra en **fomentar el diálogo entre las partes** para que estas busquen soluciones al problema. Los acuerdos y decisiones se toman de forma libre y responsable por parte de los implicados en el conflicto, nunca son facilitados por el mediador.

IMPORTANTE

El mediador de los conflictos no juzga, no sanciona, no toma decisiones, no da soluciones y no aconseja, simplemente facilita el diálogo y los acuerdos entre las partes implicadas en el conflicto.

Las **características** que debe tener una persona para poder desarrollar las labores de mediación serán las siguientes:

Habilidades comunicativas

Habilidades para la escucha activa

5.6. El proceso de mediación

El proceso de mediación en los conflictos es un proceso estructurado, por lo cual para su desarrollo debe pasar por una serie de etapas.

Se desarrolla del siguiente modo:

Inicio del conflicto

- Surge un conflicto: a partir de este momento se decide solucionarlo por las buenas, se implica al mediador y se acuerda cuándo comenzará el proceso de mediación.

Escucha de las partes

- Los mediadores escuchan de forma individual a cada una de las personas implicadas en el conflicto, posteriormente se reúnen todas las partes, se explican las normas para que la mediación funcione y se explora el conflicto. Para la exploración de dicho conflicto se identificarán los intereses de ambas partes, se buscan soluciones alternativas y se llega a un acuerdo.

Aplicar soluciones

- La última fase consiste en llevar lo pactado a la práctica real y valorar los resultados.

IMPORTANTE

La mediación es un proceso confidencial y, sobre todo, voluntario.

ACTIVIDAD 13

Patricia es docente de formación presencial en un centro de educación de adultos, cuyos alumnos son todos mayores de 45 años y desempleados, de ambos sexos.

En el aula de clase han incorporado el uso de ordenadores al desarrollo de las mismas, de este modo consiguen también que estas personas, con escasos conocimientos informáticos, adquieran unas habilidades informáticas básicas.

Continúa en página siguiente >>

<< Viene de página anterior

Al no contar con ordenadores suficientes para todo el mundo tienen que compartirlo entre dos o tres personas, y recientemente, en clase se ha producido un conflicto, en uno de los grupos formados para compartir el ordenador dos de los integrantes: Luisa y Jorge, se quejan de que Carmen acapara su uso todo el tiempo. ¿Qué puede hacer Patricia en este caso?

Selecciona la opción que consideres correcta.

a. Debe dejar que el grupo resuelva sus problemas.
b. Debe actuar como mediadora, dando su opinión y la razón a una de las partes.
c. Debe actuar como mediadora, elaborando un cronograma para el uso del ordenador.
d. Debe disolver el grupo para evitar más conflictos, y en consecuencia, reestructurar todos los grupos o parte de ellos.
e. Debe actuar como mediadora, facilitando el diálogo y los acuerdos entre las partes.

TAREA 18

Teresa desarrolla una acción formativa de artes gráficas en la modalidad presencial, es docente de un grupo de 20 personas, todas estas personas son mayores de 45 años y parados de larga duración de ambos sexos. Recientemente, tras un debate en clase se ha producido un conflicto, ya que la clase se ha dividido en dos grupos enfrentados, el detonante del conflicto ha sido una propuesta de un alumno para la realización de una salida con motivo de la impartición del módulo de medio ambiente, este alumno ha propuesto la visita a un parque natural cercano.

Parte del aula apoya dicha acción; sin embargo, otra parte del alumnado la considera una pérdida de tiempo. Teresa cree que la salida puede resultar positiva para todos, no obstante, se siente responsable y quiere mediar en el conflicto para que no tenga mayores consecuencias y pueda lograr una solución positiva para ambas partes. ¿Crees que es oportuna la mediación por parte de Teresa en el conflicto? ¿Qué solución sería la más adecuada en este caso y de qué forma debería llevarse a cabo?

6. Resumen

Existen diferentes tipos de grupos dependiendo de la clasificación que se establezca; entre ellos se encuentran los grupos de aprendizaje.

Un grupo de aprendizaje es una estructura formada por personas que interactúan en un espacio y tiempo común para lograr determinados aprendizajes en los individuos a través de su participación en el grupo.

Sus características son el establecimiento de un objetivo común, la cooperación, comunicación, interrelación, responsabilidad, liderazgo, resultados producto del equipo e individuales, efectividad, reconocimiento y negociación.

Dentro del aprendizaje grupal, los integrantes del grupo se reúnen con la finalidad de alcanzar una determinada meta y pasan por una serie de fases en relación la misma, que son:

Para que tengan lugar estas fases es necesario que haya una **dinamización grupal**, que se conseguirá mediante el desarrollo de una colaboración real y efectiva. Esto puede llevarse a cabo mediante:

- El diseño y organización de **contenidos y recursos** didácticos.
- El diseño y planteamiento de **actividades** de aprendizaje.
- La utilización de **estrategias y técnicas** de dinamización de grupos.

Las dinámicas grupales se pueden clasificar en diferentes grupos:

Para su desarrollo y la correcta realización de la acción formativa, los grupos de aprendizaje necesitan también el ejercicio de la función docente, que en las personas adultas será la moderación, coordinación y dinamización del grupo, guiando todas las actividades que se lleven a cabo. Para ello, el docente debe tener una serie de características y actitudes específicas.

Ante los conflictos que puedan surgir en el grupo, es posible que haya que acudir a la mediación, que es un proceso estructurado por el cual las personas enfrentadas se reúnen en presencia de una tercera persona imparcial, el mediador y buscan soluciones de forma conjunta.

Ejercicios de autoevaluación Unidad de Aprendizaje 2

1. ¿Es lo mismo un grupo que una agrupación de personas?

____
____
____
____

2. ¿Cuál de las siguientes no es una característica de un grupo?

a. Los integrantes del mismo participan en interacciones frecuentes.
b. Los integrantes del grupo se definen entre sí y son definidos por otros como pertenecientes a un determinado grupo.
c. Los integrantes del grupo participan desempeñando un rol o roles sociales.
d. Los integrantes del grupo pueden tener objetivos y metas diferentes.

3. Define el concepto de grupo de aprendizaje.

____
____
____
____

4. Relaciona cada grupo con sus características:

a. Grupos formales de aprendizaje.
b. Grupos informales de aprendizaje.
c. Grupos de base cooperativos.

1. Las actividades propuestas a este tipo de grupos pueden ir de 3 a 5 minutos, trata de fomentar un clima propicio para favorecer la organización y la interiorización de los conocimientos por parte del alumnado.
2. Este tipo de grupos tienen un funcionamiento a largo plazo, al menos un año de duración. Las relaciones personales son

muy fuertes entre sus integrantes, son grupos heterogéneos y su duración promueve la creación de los vínculos entre sus integrantes. Las relaciones personales favorecen el cumplimiento de las metas propuestas para el grupo.

3. Estos grupos tienen una duración de 1 hora durante varias semanas, son creados para alcanzar un objetivo común, en ellos se garantiza la participación activa del alumnado en tareas organizativas e intelectuales.

5. Completa:

El ___________________ puede estar formado por más de 60 personas. Este tipo de grupos será adecuado para el desarrollo de materias generales, verbales o audiovisuales, se considerarán ___________________ que después se ___________________ y ___________________en grupos más pequeños.

6. ¿Cuál de las siguientes características no se considera una causa de exclusión social?

a. aEl desempleo, especialmente de larga duración.
b. El empleo sumergido y el empleo precario.
c. El desempleo en mayores de 25 años y menores de 45.
d. Las diversidades físicas, psíquicas y sensoriales.

7. Señala si las siguientes oraciones son verdaderas o falsas.

a. Las personas con discapacidad suponen un colectivo con riesgo de sufrir exclusión social.

- Verdadero
- Falso

b. Las personas mayores de 65 años sin cargas familiares suponen un colectivo en riesgo de exclusión social.

- Verdadero
- Falso

8. Ordena las etapas del desarrollo grupal propuesto por Tuckman.

a. Ejecución.
b. Normatividad.
c. Tormenta.
d. Formación.
e. Terminación.

9. ¿Cuál de las siguientes no es una meta de la dinamización grupal?

a. Promover el conflicto continuado como medio para fomentar el diálogo.
b. Ayudar al avance continuado del grupo y superar las posibles fases de estancamiento.
c. Realizar un análisis profundo de los problemas.
d. Dar a conocer pautas de comportamiento.

10. ¿En qué consiste la técnica grupal de análisis de casos?

____
____
____
____

11. Relaciona las siguientes técnicas con sus características:

a. Phillips 66.
b. Seminario.
c. Grupo nominal.
d. Mesa redonda.
e. Foro.
f. Lluvia de ideas o *brainstorming*.

1. Es una técnica que incita al grupo a generar diferentes ideas originales sobre un tema determinado, en principio toda idea es válida, ninguna es rechazada.
2. Pequeños grupos de 6 personas debaten durante 6 minutos sobre un tema concreto, obteniendo una conclusión general.

3. Con esta técnica un grupo de trabajo estudia algún tema, problema o solución con el que se pretende llegar al consenso, que se consigue según las prioridades e importancia establecida por el grupo, a través de votación de los participantes.
4. En esta técnica varias personas discuten sobre un tema determinado ante un auditorio.
5. Un pequeño grupo, previa investigación y documentación de las fuentes de información sobre el tema a tratar, expone sus conclusiones al resto del grupo.
6. Consiste en un grupo de discusión en torno a un tema relevante dirigida por un moderador.

12. ¿En qué consiste la mediación?

____

____

____

____

Unidad de Aprendizaje 3

Estrategias metodológicas en la Formación profesional para el Empleo según la modalidad de impartición

Contenido

1. Introducción
2. Métodos de enseñanza
3. Principios metodológicos
4. Estrategias metodológicas
5. Técnicas didácticas
6. Elección de estrategias metodológicas
7. Habilidades docentes
8. Sensibilización como técnica introductoria, variación de estímulos, integración de conocimientos, comunicación no verbal, refuerzo, motivación y participación, secuencialidad y control de la comprensión
9. La sesión formativa
10. La simulación docente: técnicas de microenseñanza
11. Utilización del aula virtual
12. Resumen

Objetivos

Los objetivos específicos de esta Unidad de Aprendizaje son:

→ Promover la motivación y la participación activa del alumnado.

→ Usar técnicas de comunicación aplicables y adaptadas a la acción formativa.

→ Aplicar las habilidades docentes necesarias para desarrollar la impartición de la acción formativa favoreciendo el proceso de enseñanza-aprendizaje.

1. Introducción

A lo largo de la presente unidad se tratarán los diferentes métodos y técnicas de enseñanza dependiendo de la modalidad en que se esté impartiendo la acción formativa.

La elección de una metodología adecuada va a ser fundamental para lograr un desarrollo óptimo del proceso de enseñanza-aprendizaje. Se deberá recordar que el método o técnica educativa más adecuada irá siempre en función de las características propias de la acción formativa, así como del alumnado al que se dirija, el medio o contexto en el que se lleve a cabo la práctica y el medio usado para desarrollar dichas acciones. El estudio de todas estas variables dará como resultado la elección de la metodología más apropiada.

Se insistirá también en las posibilidades y aportaciones que las tecnologías de la información y comunicación aportan a los enfoques metodológicos, haciendo especial hincapié en el uso de una metodología u otra para los procesos de enseñanza-aprendizaje en función del medio en el que se lleve a cabo dicha acción.

Para ello, nos basaremos en el caso de la empresa de formación Paideia, que está impartiendo el certificado profesional "HOTG0108. Creación y gestión de viajes combinados y eventos", y durante el proceso los tutores, Julia y Roberto, tienen que adaptar los métodos, estrategias, técnicas, actividades, etc., al alumnado. Todo esto quedará reflejado en la organización, preparación y desarrollo de las sesiones formativas que van a llevar a cabo durante el desarrollo de la acción formativa.

2. Métodos de enseñanza

La empresa de formación Paideia está impartiendo el certificado profesional HOTG0108. Creación y gestión de viajes combinados y eventos.

Julia y Roberto, los tutores del curso, han estado adaptando el contenido y actividades de la acción formativa que están impartiendo a las características del grupo y las circunstancias de los participantes. Ahora, quieren revisar los

Continúa en página siguiente >>

<< Viene de página anterior

métodos y estrategias de enseñanza utilizados, ya que las adaptaciones realizadas y acciones puestas en marcha están teniendo muy buena acogida entre el alumnado.

Para ello, deciden investigar un poco sobre la experiencia y métodos de otros docentes, y así poder elegir el más adecuado para su curso. ¿Con qué métodos se encontrarán durante el transcurso de su investigación?

Los métodos de enseñanza o metodología educativa se podrán definir como aquellos procedimientos didácticos establecidos para la consecución o logro de los objetivos propuestos en el desarrollo de las acciones formativas.

La metodología o métodos de enseñanza se recogerán en la **programación didáctica,** que consiste en una relación ordenada y estructurada de los diferentes elementos que conforman la acción formativa y que guiarán los procesos de enseñanza-aprendizaje.

Los métodos de enseñanza se establecen una vez que ya se han constituido los objetivos y contenidos de la programación didáctica.

Para el establecimiento de los métodos educativos, los docentes o formadores deberán tener en consideración los siguientes **aspectos:**

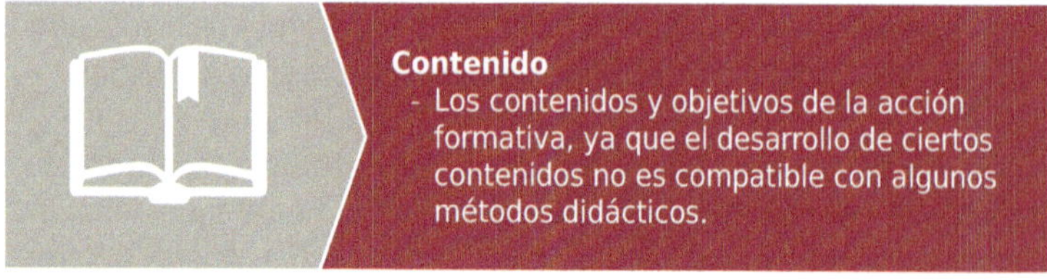

Continúa en página siguiente >>

<< Viene de página anterior

Características docentes
- Las capacidades y características propias de los docentes o formadores que llevarán a cabo la acción o acciones formativas.

Recursos
- Los recursos con los que se cuenta para el desarrollo de dicha acción formativa: recursos humanos, económicos, tecnológicos, etc.

Las características del medio
- Las características del medio o modalidad que se usará para el desarrollo de la acción formativa.

Las características del alumnado
- Si la acción se desarrollará de forma grupal o individual.
- El tamaño del grupo y sus características.
- La edad del alumnado.
- Las necesidades formativas.
- Las capacidades, conocimientos previos o habilidades del alumnado.

2.1. Tipos de métodos de enseñanza

HILO CONDUCTOR

Durante su búsqueda de información, Roberto ha encontrado un caso de un profesor de primaria que ha sido candidato al 'Nobel' de los profesores por sus métodos de enseñanza y eso es lo que él estaba buscando, ¡cambiar por completo la forma tradicional de enseñar!

De forma general, los métodos de enseñanza se dividen en tres tipos:

- **Métodos de investigación:** esta clasificación abarca aquellos métodos de enseñanza que pretenden profundizar en los conocimientos.
- **Métodos de organización:** recoge aquellos métodos en los que se trabaja sobre los conocimientos que ya se poseen, se destinan a establecer normas para la correcta ejecución de una tarea.
- **Métodos de transmisión:** estos métodos se encuentran enfocados a transmitir conocimientos, actitudes o destrezas que son nuevos para el alumnado.

Pero además de estos, son muchos los métodos que se pueden aplicar, en función del criterio que se considere para su clasificación: forma de razonamiento, organización de la materia, relación con la realidad, participación del alumnado, sistematización de conocimientos, aceptación de lo enseñado, relación docente-alumnado.

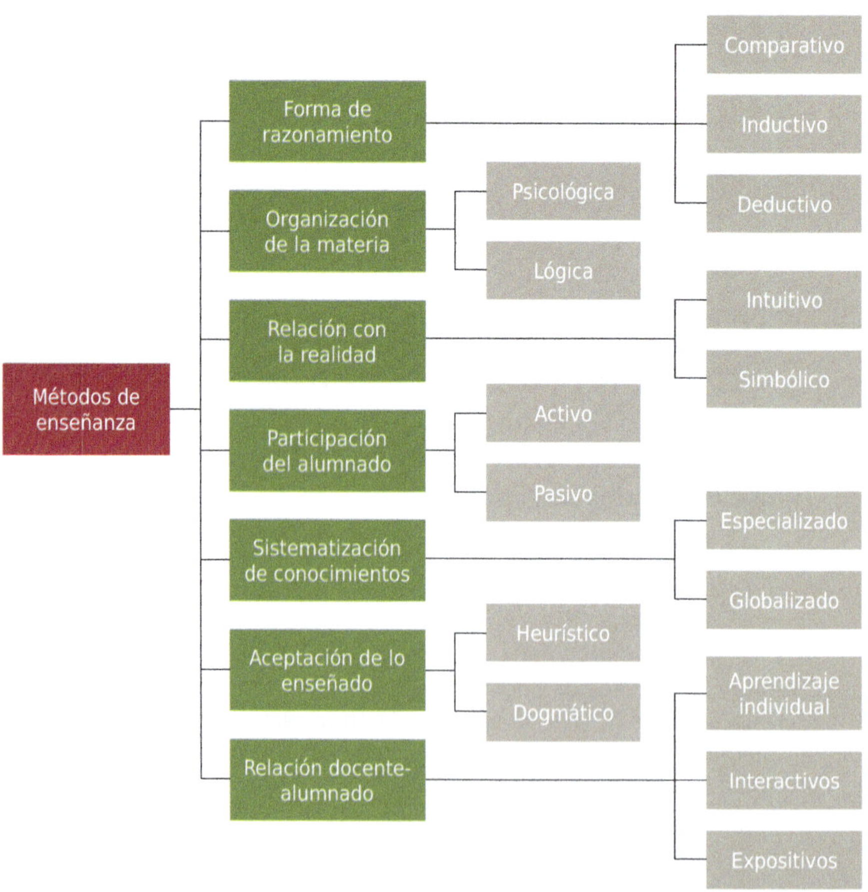

Como has podido observar en el esquema, en **función de la forma de razonamiento** se distinguen tres métodos:

- **Método deductivo:** este método parte de lo general para ir a lo particular, es decir, se comienza trabajando conocimientos, habilidades o actitudes generales para, por último, trabajar los contenidos de forma concreta. En este método se presentan principios, definiciones o afirmaciones generales para ir desarrollando ejemplos o principios más concretos y particulares.
  Ejemplo: en los principios o teorías matemáticas se puede describir la norma o principio general; en la ley de la gravedad se explica que los objetos son atraídos por la fuerza de la gravedad, después se puede avanzar hacia la explicación de la formulación de dicha ley y partir hacia explicaciones más particulares como por ejemplo el caso de la manzana que cae del árbol.
- **Método inductivo:** este método se desarrolla en sentido opuesto al anterior, en él se parte de casos particulares para luego trabajar sobre los principios generales que los rigen. Se trata de un método activo que fomenta la participación y se basa en la experiencia para el desarrollo de los contenidos.
  Ejemplo: el anterior principio sobre la ley de la gravedad se podría trabajar al revés, es decir, explicar en primer lugar el caso concreto de la manzana que cae del árbol y después explicar la teoría sobre la ley de la gravedad por la que los objetos son atraídos hacia la Tierra.
- **Método comparativo:** a través de este método se presentan casos o datos particulares que permiten establecer comparaciones entre ellos por semejanza o analogía.
  Ejemplo: siguiendo el ejemplo de la ley de la gravedad, se podría establecer una comparación entre la luna y la Tierra, para ver por qué en la luna los objetos no se caen sino que flotan y en la Tierra, sí.

Respecto a los métodos de enseñanza en función de la **organización de la materia,** podemos encontrar:

- **Método basado en la lógica o tradición de la disciplina educativa:** en este método los hechos o contenidos se presentan en una estructura que va desde lo más simple a lo más complejo, siguiendo la historia de la disciplina o materia objeto de estudio desde sus orígenes o inicios hasta la actualidad.
- **Método basado en la psicología del alumno:** en este método el orden de los contenidos se desarrolla en base a la experiencia, intereses o motivaciones del alumnado.

En función de la **relación con la realidad,** podremos encontrar la siguiente clasificación:

- **Método simbólico o verbalístico:** a través de este método, el lenguaje simbólico o verbal es prácticamente el único medio de transmisión de conocimientos, es la forma de presentación y desarrollo de los contenidos.
- **Método intuitivo:** el método intuitivo se basa en la experimentación y en la práctica para el desarrollo de los contenidos; parte de las experiencias previas del alumnado y fomenta la actividad en el desarrollo del proceso de enseñanza-aprendizaje.

En función de la **participación del alumnado,** podremos encontrar la siguiente clasificación:

- **Método pasivo:** el alumno es el sujeto pasivo en la formación, toda la actividad está en manos del docente o profesor.
- **Método activo:** el alumnado es el sujeto activo en la formación, mediante la participación y actividades del alumnado se desarrolla el proceso de enseñanza-aprendizaje.

En función de la **sistematización de conocimientos,** podremos encontrar la siguiente clasificación:

- **Método globalizado:** se basa en los centros o ejes de interés, las sesiones se desarrollan abarcando un grupo de áreas, contenidos o temas de acuerdo con las necesidades, en este tipo de métodos lo importante no son las asignaturas sino el tema objeto de estudio. Es un método interdisciplinar y transversal.
- **Método especializado:** en este método cada área, tema o contenido se trabaja de un modo independiente.

En función de la **aceptación de lo enseñado,** podremos encontrar la siguiente clasificación:

- **Dogmático:** se impone al alumnado sin posibilidad de discusión. Lo que se enseña, la materia o contenidos pasan a ser verdades absolutas. Se trata de fijar los conocimientos en la memoria, no de comprender los contenidos.
- **Heurístico:** el alumnado es el descubridor de los conocimientos, se basa en comprender los conocimientos antes que memorizarlos.

Por último, en función de la **relación docente-alumnado,** podremos encontrar la siguiente clasificación:

- **Expositivos:** el docente-formador desarrolla la carga lectiva a través de la exposición de los contenidos mediante diversas formas.
- **Interactivos:** el alumnado desarrolla parte de las actividades consecuentes a la adquisición de los contenidos; el aprendizaje se desarrolla por la interacción del docente-alumno, de los alumnos entre sí o de los alumnos con elementos que faciliten el desarrollo de las actividades y conocimientos.
- **Métodos de aprendizaje individual:** el alumno realiza las actividades y gestiona y desarrolla la formación de forma autónoma, en contacto directo con las actividades objeto de la formación.

PARA SABER MÁS

Conoce los métodos utilizados por el profesor español candidato al 'Nobel' de los profesores accediendo al siguiente enlace:

https://redirectoronline.com/uf16450301

ACTIVIDAD COMPLEMENTARIA

15. ¿Cuál será la metodología usada en una acción formativa basada en la explicación de los contenidos por parte del formador? ¿Podría combinar otras metodologías?

3. Principios metodológicos

☞ HILO CONDUCTOR

Pero para cambiar sus métodos, Roberto y Julia deben tener en cuenta una serie de principios metodológicos, y en especial, de la educación de adultos, ya que en su caso concreto, este es el tipo de alumnado que tienen, y sus características y formas de aprender son diferentes.

Para la elección adecuada de un método de aprendizaje, será necesario considerar una serie de principios metodológicos. Son los siguientes:

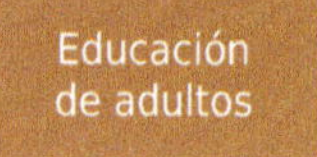

En cuanto a los **principios generales,** se pueden destacar los siguientes:

- **Principio de especificidad:** la metodología de enseñanza deberá adaptarse a los objetivos y circunstancias de cada caso en particular.
- **Principio de complementariedad:** la metodología y las técnicas de enseñanza-aprendizaje deberán ser usadas de forma complementaria, de este modo los puntos fuertes de cada una de ellas cubrirá los puntos débiles de las demás.
- **Principio de relatividad:** la eficacia y la valía de un método depende del modo de aplicación del mismo y de la adecuación de los instrumentos usados.
- **Principio de interdependencia:** en base a este principio se toma en consideración que todos los factores están relacionados, que un método resulte o no adecuado dependerá de la situación, las circunstancias, el alumnado, los medios, etc.

En cuanto a los **métodos de aprendizaje,** se pueden distinguir los siguientes principios:

- **Principio de proximidad:** se trata de partir de las experiencias y realidad cotidiana del alumnado en el proceso de enseñanza-aprendizaje para hacer los conocimientos asequibles a los mismos.

- **Principio de individualización:** se deberán respetar las características propias del alumnado sujeto de la acción formativa, no exigiendo a todos las mismas respuestas ante los estímulos educativos.
- **Principio de adecuación:** las tareas y objetivos deberán estar acordes a las necesidades y expectativas del alumnado.
- **Principio de eficiencia:** con el mínimo esfuerzo se deberá alcanzar la máxima eficacia en el proceso de enseñanza-aprendizaje.
- **Principio de realidad psicológica:** en base a este principio habrá que tener en consideración la evolución del alumnado y sus características individuales en cuanto a las diferencias, edad, etc.
- **Principio de dificultad o esfuerzo:** se tratará de adaptar el esfuerzo del alumnado a la dificultad de las tareas a realizar, intentando evitar el fracaso continuado.
- **Principio de participación:** se tendrá en consideración al alumnado como parte activa y dinámica en el proceso.
- **Principio de espontaneidad:** se deberán favorecer las manifestaciones naturales del alumnado.
- **Principio de transparencia:** en base a este principio, el alumnado podrá aplicar los conocimientos adquiridos en su realidad cotidiana.
- **Principio de evaluación:** mediante un proceso continuado de evaluaciones, el docente podrá identificar a tiempo las dificultades en el proceso de enseñanza-aprendizaje.
- **Principio de reflexión:** inducir al pensamiento reflexivo como parte integral y fundamental en la educación del alumnado.
- **Principio de responsabilidad:** inducir al alumnado en la responsabilidad sobre su propio proceso de enseñanza-aprendizaje.

Por último, en cuanto a la **educación de adultos,** se pueden distinguir los siguientes principios:

- **Principio de aprendizaje significativo:** el proceso de enseñanza-aprendizaje debe centrarse en la consecución de aprendizajes significativos. Por otro lado, el aprendizaje debe estar en relación con las necesidades y expectativas del propio alumnado.
  Nota: los aprendizajes significativos han de ser construidos por el propio alumno, guardando coherencia con el resto de contenidos y partiendo de sus experiencias, motivaciones e intereses.
- **Principio centrado en el alumnado:** el proceso de enseñanza-aprendizaje debe centrarse en el alumnado, constituyendo un aprendizaje práctico.
- **Principio de autonomía:** el proceso de aprendizaje ha de ser autónomo y el alumnado debe guiar su propio proceso de aprendizaje.
- **Principio de aprendizaje cooperativo:** cuando el aprendizaje se produzca en grupo, ha de basarse en el aprendizaje cooperativo, por el que

todo el grupo se implica y se hace responsable en la construcción de los conocimientos.

- **Principio de parte de experiencias:** el aprendizaje debe partir de las experiencias y de la realidad más cercana al propio alumnado.
- **Principio el docente como facilitador del aprendizaje:** el docente debe ser un facilitador del aprendizaje adulto, tanto alumnado como docentes serán artífices en los procesos de enseñanza-aprendizaje.

Como ves, son muchos los principios que hay que tener en cuenta, solo de este modo se podrá desarrollar el proceso de enseñanza-aprendizaje en las condiciones óptimas.

4. Estrategias metodológicas

HILO CONDUCTOR

Una vez decididos los métodos en los que va a basar el desarrollo del proceso, Julia decide comentarlos con su compañero Antonio, ya que es un chico joven, nuevo en la empresa y debe tener ideas nuevas... a ver qué le parecen. Este le hace algunos comentarios y sugerencias de carácter muy innovador que a Julia le han encantado, por lo que se lo agradece y le dice que cuando tenga preparadas las estrategias, técnicas, etc., se las mostrará también.

Pero Antonio se queda un poco desconcertado, y tímidamente le pregunta a Julia, ¿pero esto que me has enseñado no son las estrategias de enseñanza?

Aunque estén íntimamente relacionados, métodos y estrategias no son lo mismo, ¿sabes en qué se diferencian?

Los **métodos** determinan los procedimientos didácticos para la consecución o logro de los objetivos propuestos, los pasos a llevar a cabo de forma ordenada, y en ellos deben fundamentarse las **estrategias,** que son una serie de actuaciones concretas, planificadas, que servirán como guía para la acción docente durante el desarrollo de las sesiones formativas.

IMPORTANTE

A diferencia del método las estrategias son flexibles.

Por tanto, las estrategias son las **acciones concretas y planificadas** mediante las que se desarrolla el proceso de enseñanza-aprendizaje para alcanzar los objetivos propuestos, y sirven al docente/formador para el manejo de las actividades cotidianas, consisten fundamentalmente en soluciones destinadas a solventar los problemas cotidianos.

Pero además, hay que tener en cuenta otros conceptos también relacionados, y que, como los anteriores, se usan muchas veces de forma confusa: **técnicas y actividades.**

Las **técnicas** son recursos muy concretos que el docente usa para llevar a la práctica los propósitos planteados desde la estrategia. Y dentro de las técnicas pueden existir diferentes **actividades** mediante las que se desarrollen.

ACTIVIDAD COMPLEMENTARIA

16. Analizadas las diferencias entre cada uno los conceptos: método, estrategia, técnica y actividad, reflexiona sobre la técnica de debate. ¿Dentro de qué método y estrategia se enmarcaría dicha técnica? Propón una actividad para realizar a la hora de aplicar dicha técnica.

4.1. Tipos de estrategias metodológicas

HILO CONDUCTOR

Una vez decididos los métodos en los que van a basar el desarrollo del proceso, Julia y Roberto se disponen a establecer las estrategias concretas y técnicas que utilizará para que sea posible alcanzar los objetivos planteados.

Generalmente, las estrategias de aprendizaje se han dividido en cinco grupos, son los siguientes:

- **Estrategias de ensayo:** abarcan aquellas estrategias que implican la repetición activa de los contenidos (repeticiones verbales o escritas).
  Ejemplo: tomar notas, subrayar, repetir en voz alta, etc.
- **Estrategias de elaboración:** este grupo abarca aquellas estrategias en las que se enlazan conocimientos nuevos con conocimientos anteriores o experiencias previas del alumnado, como resumir o crear analogías.
- **Estrategias de organización:** estas estrategias se centran en agrupar la información y estructurar los contenidos del aprendizaje para que sea más fácil recordarlos (hacer esquemas o mapas conceptuales).
- **Estrategias de control de la comprensión:** estas estrategias se encuentran ligadas a la metacognición, es decir, el alumnado conoce las estrategias que se están usando y los logros que se consiguen y así adapta su conducta en concordancia. Las estrategias metacognitivas se dividen en planificación, regulación y evaluación. Estas se detallan a continuación:

  - **Estrategias de planificación:** son aquellas en las que el alumnado dirige y controla su conducta hacia un fin.
    Ejemplo: seleccionar el objetivo y meta de aprendizaje, programar calendarios de ejecución de tareas, etc.
  - **Estrategias de regulación, dirección y supervisión:** son las estrategias que se usan durante la ejecución de la propia tarea, sirven para indicar la capacidad que el alumno tiene para seguir la programación y comprobar su eficacia.
    Ejemplo: ajustar el tiempo y esfuerzo requerido para la realización de una tarea, modificar o buscar alternativas para la consecución de las metas, etc.
  - **Estrategias de evaluación:** se llevarán a cabo durante el proceso y al final del mismo, mediante estas estrategias se verificará si se cumplen o no los objetivos del proceso de enseñanza-aprendizaje.

Ejemplo: valorar si se han conseguido o no los objetivos propuestos, evaluar la calidad de los resultados finales.

- **Estrategias de apoyo o afectivas:** su objetivo principal es optimizar la eficacia del proceso de enseñanza-aprendizaje mejorando las condiciones en las que este se produce. Se basan en motivar al alumnado, mantener la atención, evitar la ansiedad, etc.

Para la implantación de las estrategias didácticas será necesaria la atención a los principios citados anteriormente.

José se encuentra impartiendo una acción formativa presencial sobre soldadura. Los participantes son personas adultas, trabajadores en activo del sector con amplia experiencia en la profesión.

En una de las sesiones, quiere enseñar al alumnado una nueva técnica de soldadura. Dadas las características de los participantes, ¿qué estrategia debería aplicar José?

Solución

Las estrategias de elaboración son las que más se adecuan a este grupo, y a la temática del curso en su conjunto, ya que este tipo de estrategias abarcan aquellas en las que se enlazan conocimientos nuevos con conocimientos anteriores o experiencias previas del alumnado.

Dado que el alumnado es adulto, y además, con amplia experiencia en el sector, esta conexión será imprescindible. Además, el alumnado adulto "aprende haciendo", llevando a la práctica la teoría, y llevando a cabo tareas que son de utilidad para cubrir sus necesidades reales.

5. Técnicas didácticas

Existen infinidad de técnicas que el docente puede llevar a cabo para el desarrollo de la acción formativa. Entre ellas, se encuentran las siguientes:

- **Técnica expositiva:** se trata de la exposición verbal por parte del docente-formador de los contenidos, en esta técnica se deberá estimular la participación del alumnado, requiere de una gran motivación por parte del alumnado para atraer la atención de los mismos.
- **Técnica del dictado:** en esta técnica el alumnado deberá tomar nota de lo que el docente vaya diciendo, por lo cual, este deberá mantener un tono pausado.
- **Técnica biográfica:** se trata de exponer los contenidos a través del relato de las vidas de aquellas personas que participaron en su creación o desarrollo, es bastante frecuente en relación a contenidos de historia, filosofía y literatura.
- **Técnica exegética:** esta técnica requiere de la consulta de obras de autores relacionados con los contenidos objeto de estudio (obras representativas de un autor o disciplina), la técnica consiste en la lectura comentada de textos relacionados con los contenidos.
- **Técnica cronológica:** consiste en presentar los hechos en el orden y secuencia exactos de su aparición en el tiempo. Esta técnica puede ser progresiva o regresiva, dependiendo de si se presentan los hechos desde el pasado hasta la época actual o al revés.
- **Técnica de círculos concéntricos:** consiste en examinar toda la esfera o contenido de una disciplina y, a la vez, ir profundizando en los elementos de la misma.
- **Técnica de enseñanza de lenguas o idiomas:** esta técnica puede ser desarrollada de dos modos: el indirecto y el directo. El indirecto consiste en la enseñanza de la gramática y traducción. El directo consiste en la enseñanza de la lengua o idioma, en el propio idioma objeto de estudio.
- **Técnica de problemas:** esta técnica contiene dos versiones diferentes, la primera de ellas hace referencia al estudio evolutivo de problemas en relación a diferentes disciplinas objeto de estudio. Por otro lado, se puede entender también como la proposición de situaciones problemáticas que el alumnado deberá conocer y como la reflexión sobre dichos problemas.
- **Técnica del estudio dirigido:** mediante esta técnica se propone un tema al alumnado que irá investigando sobre el mismo bajo la tutela del docente, que promoverá las líneas a seguir.
- **Técnica de demostración:** es un procedimiento deductivo que consiste en la comprobación de afirmaciones y, por tanto, poner en práctica la teoría estudiada.
- **Técnica del redescubrimiento:** implica la experimentación y la práctica, se usa cuando el alumnado posee poca información sobre un determinado contenido, se irán descubriendo de forma práctica los conocimientos.
- **Técnica del estudio de casos:** consiste en la presentación de un caso o problema (real o imaginario) y que el alumnado lo estudie y plantee soluciones, las opiniones pueden ser dadas individualmente o en grupo.

- **Técnica del seminario:** consiste en una mezcla de las técnicas de discusión y de debate, pero más amplia: en ella se propone un tema, el cual tras su estudio o investigación se lleva a debate.
- **Técnica del interrogatorio:** esta técnica permite el conocimiento y la participación del alumnado, así como poner de relieve sus aspectos positivos. Es muy beneficiosa para favorecer la motivación y la reflexión sobre los aprendizajes. Esta técnica requiere la participación activa del alumnado, se trata de un interrogatorio destinado a comprobar si el alumnado posee o no los conocimientos, habilidades o actitudes que debería.
- **Técnica de la tarea dirigida:** el docente indicará una serie de tareas para la realización, pueden ser desarrolladas de forma individual o grupal, dentro de la propia sesión formativa o fuera de ella.
- **Técnica catequística:** se trata de organizar el contenido en base a preguntas y respuestas.
- **Técnica del diálogo:** se trata de orientar al alumnado a través de un diálogo abierto, en el proceso de reflexión sobre los contenidos, fomentar el pensamiento crítico y la motivación para la investigación.
- **Técnica de la experiencia:** esta técnica procurará la reproducción de un fenómeno ya conocido, la explicación de un fenómeno que nos es conocido y la comprobación de las posibles situaciones que se pueden derivar de la aparición del mismo.
- **Técnica del debate:** el debate se puede centrar en temas que hayan provocado divergencias durante el desarrollo de alguna sesión, dudas, temas de actualidad, etc. Para el desarrollo del debate los participantes deberán presentar sus opiniones según sus puntos de vista; se puede indicar una bibliografía mínima de referencia por parte del docente, se eligen representantes y estos serán los encargados de exponer los argumentos a favor y en contra de sus tesis, deberá contar con un moderador y un secretario que vaya anotando los argumentos para al final realizar una síntesis de los mismos. Esta técnica puede sufrir variaciones en función de las necesidades del grupo.
- **Técnicas de discusión:** esta técnica presenta como limitación que exige un máximo de participantes, se trata de la discusión de un tema por parte del alumnado bajo la dirección del profesor.
- **Técnica de efemérides:** se refiere al estudio de hechos importantes, personalidades, fechas, etc. Se puede trabajar mediante el desarrollo de pequeños trabajos, ya sea de forma individual o grupal sobre estas efemérides.

Todas las técnicas podrán adaptarse en función del medio didáctico y las características de la formación, no obstante, al aplicar técnicas para acciones formativas en modalidad virtual deberá disponerse de los medios apropiados: plataformas educativas, blog, foros, chats, videoconferencias, audio, etc.

6. Elección de estrategias metodológicas

HILO CONDUCTOR

Roberto ha encontrado durante su búsqueda de información, un grupo en las redes sociales formado por docentes activos, comprometidos e innovadores, y ha decidido unirse a él.

Sus integrantes le dan una acogedora bienvenida al grupo, y le animan a presentarse y contar "su historia" y sus experiencias, por lo que Juan les cuenta el cambio metodológico que quiere llevar a cabo y el punto en el que se encuentra, ¡y recibe multitud de información y consejos!

Para la elección de unas determinadas estrategias y no otras, es importante tener en cuenta una serie de consideraciones:

- Las estrategias metodológicas deben tener relación con los objetivos y contenidos de la acción formativa.
- No existe una única estrategia que sea la correcta para todos los aprendizajes y todas las situaciones de enseñanza-aprendizaje.
- Tendrán que diseñarse estrategias específicas para cada situación, por eso los docentes o formadores deben conocer un abanico amplio de estrategias que puedan aplicar a cada situación concreta.
- Se deberán tener en consideración las características reales y particulares de cada grupo o individuo.
- Se deben tener en cuenta los recursos necesarios para llevar a cabo cada una de las estrategias y los recursos disponibles.
- Se deberán tener en consideración las características propias de la acción educativa y el contexto o medio en que se lleva a cabo la acción.
- Deben evitarse estratégicas metodológicas complicadas o demasiado triviales, que no se adapten a las habilidades o conocimientos del alumnado.
- En la medida de lo posible se dará preferencia a las estrategias metodológicas centradas en el alumnado.
- Se deberá adecuar el tiempo a la estrategia: que no se dé un tiempo excesivo para la realización o que resulte escaso.

- Usar variedad de estrategias metodológicas, de este modo se fomentará la comprensión del alumnado, evitará la monotonía, por lo que aumentará la motivación y la atención de los participantes.
- Emplear las estrategias metodológicas con las que el docente o formador se encuentre más cómodo y domine mejor.

ACTIVIDAD COMPLEMENTARIA

17. Reflexiona sobre las diferentes situaciones formativas en las que has participado y las estrategias utilizadas en las mismas. ¿Conoces alguna situación en la que la estrategia metodológica usada haya dificultado el proceso de enseñanza-aprendizaje? ¿Cómo se habría evitado esa situación?

6.1. Elección en función de los resultados del aprendizaje

Si se define como indicador de la calidad del proceso de enseñanza-aprendizaje el nivel de aprendizaje del alumnado, se tendrán en cuenta aquellas estrategias metodológicas mediante las cuales se pueda **comprobar el rendimiento** o nivel de aprendizaje alcanzado por los participantes.

Los resultados del aprendizaje se definen como lo que una persona es capaz de conocer, hacer y comprender al término del proceso de enseñanza-aprendizaje.

Mediante la medición de resultados se podrá determinar el grado de avance en la adquisición de la competencia.

Con este tipo de estrategias que tienen en cuenta los resultados del aprendizaje, se pretende, por tanto, la adquisición de **conocimientos, habilidades y destrezas,** de forma que estos puedan ser **observables y medibles.**

EJEMPLO

Para la adquisición de habilidades de comunicación oral, una de las estrategias didácticas utilizadas por el docente es el entrenamiento mediante el desarrollo de una conversación, y la técnica que ha propuesto al alumnado es el juego de roles.

Así, el proceso de enseñanza-aprendizaje debe estar contextualizado y enfocado hacia las necesidades del mercado laboral. Y el alumnado debe ser el centro del proceso, para que, de esta forma, pueda ser autónomo y gestionar dicho proceso.

NOTA

Las acciones formativas enmarcadas en los certificados profesionales están basadas en el aprendizaje centrado en los resultados de aprendizaje o lo que también se denomina competencias. Al final del proceso de aprendizaje se valorará si el alumnado ha adquirido o no dichas competencias.

6.2. Elección en función de grupos de aprendizaje

Los grupos de aprendizaje se basan en el **aprendizaje cooperativo,** que se puede definir como:

> *Un sistema de interacciones cuidadosamente diseñado que organiza e induce la influencia recíproca entre los integrantes de un equipo con el fin de lograr el aprendizaje (Johnson y Johnson, 1998).*

Para que se pueda producir el aprendizaje colaborativo ha de existir el compromiso de todos los miembros del grupo, así como la interdependencia positiva de todos ellos.

El trabajo colaborativo enriquece el proceso de enseñanza-aprendizaje, aportando diferentes puntos de vista y posibilitando el desarrollo de habilidades para la toma de decisiones, consenso, negociación, etc.

Si las estrategias metodológicas se seleccionan en función del grupo de aprendizaje, se elegirán aquellas que impliquen y fomenten el **trabajo grupal, la interacción y aportación** de todos los integrantes del grupo en la construcción del conocimiento.

 **EJEMPLO**

En un curso de Atención telefónica, una estrategia de aprendizaje colaborativo utilizada por el docente es el Aprendizaje Basado en Problemas, dentro de la cual ha propuesto al alumnado la técnica del debate.

6.3. Elección en función de los contenidos

Los **contenidos** se pueden definir como el conjunto de saberes (teóricos, prácticos, actitudinales), recogido en los materiales, recursos y actividades del curso, que el alumnado debe asimilar para alcanzar los objetivos propuestos.

Los contenidos pueden ser de tres **tipos:**

Conceptuales	Procedimentales	Actitudinales
- Son aquellos que están referidos a conocimientos teóricos, están constituidos por hechos, datos, principios o teorías. Se podrían simplificar como “saber”.	- Son aquellos referidos al desarrollo de habilidades o procedimientos prácticos, consisten en tareas, procesos o estrategias técnicas. Se pueden entender como “saber hacer”.	- Se refieren al desarrollo de actitudes, normas o valores. Se pueden resumir como “saber ser” o “saber estar”. Dentro de ellos se encuentran los contenidos profesionalizadores, que son aquellas actitudes ligadas al desarrollo de la profesión.

Los contenidos planteados para la acción formativa deberán estar relacionados con los objetivos o metas establecidos. Para las acciones formativas que se realicen en base a los certificados profesionales, los **contenidos y objetivos deberán estar fijados en los Reales Decretos** publicados.

EJEMPLO

Para la acción formativa "HOTG0108. Creación y gestión de viajes combinados y eventos", que están llevando a cabo Julia y Roberto, los contenidos y los objetivos vienen establecidos en el **Real Decreto 1376/2008,** de 1 de agosto, por el que se establecen diez certificados de profesionalidad de la familia profesional Hostelería y turismo que se incluyen en el Repertorio Nacional de certificados de profesionalidad, modificado por el Real Decreto 619/2013, de 2 de agosto, que establece los contenidos y los objetivos de la formación.

Las **estrategias metodológicas centradas en los contenidos** de aprendizaje están enfocadas al desarrollo y trabajo del alumnado con los propios contenidos, ya sea de forma individual o grupal, lo importante será el desarrollo de todos los contenidos propuestos para la acción formativa concreta.

Así, en un curso en modalidad virtual, una estrategia para la adquisición de contenidos procedimentales puede ser la Simulación virtual.

ACTIVIDAD COMPLEMENTARIA

18. Reflexiona sobre los diferentes tipos de contenidos que puede haber en un curso de "Mecanizado de madera", y pon algún ejemplo de cada uno de ellos (conceptual, procedimental y actitudinal).

6.4. Elección en función de los recursos y organización

Los **recursos educativos** podrán definirse como:

> *Cualquier medio, persona, material, procedimiento, etc., que con una finalidad de apoyo, se incorpora en el proceso de aprendizaje para que cada alumno alcance el límite superior de sus capacidades y potenciar así su aprendizaje.*
>
> Sánchez, 1991.

Cuando se trata de recursos de aprendizaje se hace referencia a todos los recursos didácticos, modalidades o sistemas de información que son necesarios para el desarrollo del proceso de enseñanza-aprendizaje. La **organización** del mismo será la estructura en que se dispongan dichos recursos para la optimización del proceso de enseñanza-aprendizaje.

Será fundamental poder adaptar los recursos de los que se dispone, así como la organización de la acción formativa acorde a la estrategia metodológica, pues de los recursos (económicos, materiales, etc.) de que se disponga dependerá el hecho de que se puedan llevar a cabo ciertas técnicas y estrategias didácticas o no.

Lo mismo ocurrirá con la **organización de la acción formativa,** pues dependiendo de la organización del alumnado, aula, medios, etc., ciertas técnicas metodológicas no se podrán llevar a cabo.

El docente de un curso en modalidad virtual sobre fotografía propone la Simulación virtual como estrategia para la adquisición de contenidos procedimentales, pero al solicitar dicha simulación, el centro le indica que no dispone de los recursos económicos necesarios para realizar dicha simulación, por lo que el docente debe cambiar su estrategia.

TAREA 19

Alberto es el docente del curso en modalidad virtual sobre fotografía que se muestra en el ejemplo.

En la simulación que planteaba el alumnado podría practicar el uso de diferentes planos y el uso de la luz. Pero debido a la falta de recursos (ahora mismo solo disponen de los recursos con los que cuentan en el aula virtual, y no hay más presupuesto), se ha visto obligado a cambiar su estrategia. ¿Qué estrategia podría aplicar Alberto, basándose en los principios de la metodología activa, teniendo en cuenta el contenido y recursos de los que dispone?

7. Habilidades docentes. Características

HILO CONDUCTOR

Gracias a los consejos del grupo de docentes, Julia y Roberto están entusiasmados con los cambios que están realizando, pero tienen sus dudas sobre la implantación de los mismos, ¿estarán preparados? ¿Tendrán las habilidades necesarias para llevarlos a cabo?

Son muchos los roles que puede tener el docente, dependiendo de los diferentes ámbitos, planteamientos, contextos, etc., en los que se llevan a cabo cada una de las acciones formativas; y en cada uno de estos roles, las funciones a desempeñar, y por tanto, las habilidades necesarias para ello son distintas.

Debido a ello, ha sido un tema de interés para muchos autores, que han propuesto diferentes **clasificaciones.** Según Fernández y otros (2000), se distinguen tres roles o perfiles profesionales en los formadores o docentes que conllevarán el desarrollo de una serie de habilidades concretas:

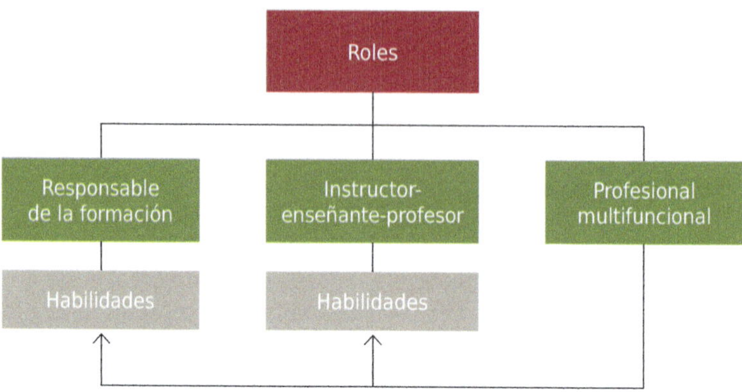

A continuación se explican cada uno de los elementos del esquema:

- **Formador o docente como responsable de la formación:** centran su actividad laboral en la elaboración y supervisión de los planes de formación. En esta categoría los responsables de la formación no tienen relación directa con los sujetos del aprendizaje. Algunas de las habilidades asociadas a este tipo de docentes formadores son las siguientes:

  - Habilidades de coordinación, supervisión y dinamización de equipos.
  - Habilidades de organización y planificación de su propio trabajo y otros.
  - Habilidades de comunicación y análisis.
  - Habilidades para la toma de decisiones y la resolución de problemas.
  - Habilidades de autonomía e iniciativa.

- **Formador o docente como instructor-enseñante-profesor:** es un grupo muy heterogéneo formado por dos grandes grupos, por un lado, los docentes de formación profesional reglada y, por otro lado, los formadores o docentes de las acciones formativas, en ambos casos estos profesionales serán los responsables de la programación, proceso y evaluación de las acciones formativas. Algunas de las habilidades asociadas a este tipo de docentes son las siguientes:

  - Habilidades tecnológicas.
  - Habilidades docentes (psicopedagógicas).
  - Habilidades profesionales.
  - Habilidades sociales.

- **Formadores multifuncionales, profesionales asociados a algunas de las dos características anteriores:** estos profesionales por su entorno laboral van a tener una mezcla de las funciones anteriores, asimismo ocurrirá con las competencias o habilidades que requerirá su puesto de trabajo.

Para estos autores, los tres roles o perfiles profesionales que presentan los docentes han de relacionarse con dos ámbitos en los que podrán desarrollar su vida laboral: el contexto general (entorno sociolaboral) y el contexto institucional (centro de formación-trabajo, aula-taller).

Sus **funciones** estarán ligadas a:

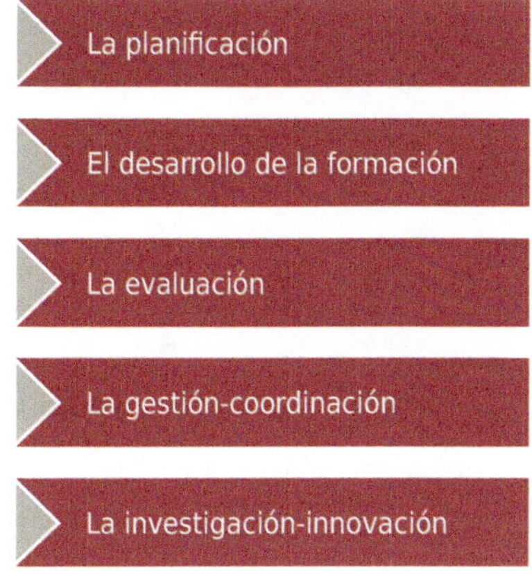

Del cruce de los roles profesionales, los contextos y las funciones docentes surgirán los diferentes perfiles profesionales, ligados a una serie de habilidades concretas o específicas para cada docente o formador.

8. Sensibilización como técnica introductoria, variación de estímulos, integración de conocimientos, comunicación no verbal, refuerzo, motivación y participación, secuencialidad y control de la comprensión

Las **habilidades docentes podrán entrenarse** para su mejora y para lograr una mayor efectividad en el proceso de enseñanza-aprendizaje.

El docente debe desarrollar las habilidades de comunicación adecuadas también en modalidades virtuales.

La mejora de las habilidades docentes estará íntimamente relacionada con la **relación entre docentes y alumnado.** Esta relación se puede descomponer a su vez en tres factores fundamentales:

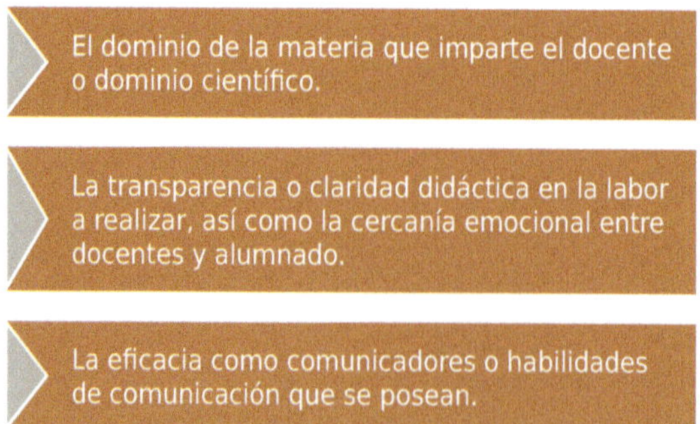

ACTIVIDAD COMPLEMENTARIA

19. Reflexiona sobre las habilidades que debe poseer un docente. ¿Cómo crees que afectaría la falta de dominio de la materia por parte de un formador en la impartición de una acción formativa? ¿Y la falta de habilidades para la comunicación?

8.1. Técnicas para lograr un clima de interés, expectación y atención por parte del alumnado

HILO CONDUCTOR

El principal reto de Julia y Roberto es conseguir que el alumnado se motive y se interese por la materia, dedicándole toda su atención y el proceso les resulte ameno, enriquecedor y útil para su vida laboral.

Analizando su actuación en pasadas ediciones del curso, se da cuenta de que debe cambiar su relación con el alumnado. Aunque el interés por parte de los mismos en la temática y su buen dominio de la materia (que transmiten muy bien a los participantes) siempre han mantenido al alumnado interesado, podría mejorar mucho el proceso educativo trabajando este aspecto.

En relación a los factores mencionados anteriormente: **dominio de la materia, claridad y habilidades de comunicación;** Allen y Ryan (1968) propusieron una serie de **comportamientos asociados** que facilitan el desarrollo o mejora de los mismos. Son los siguientes:

- **Variación de estímulos:** este aspecto se centra en el concepto de que el mantenimiento prolongado de la atención por parte del alumnado depende de los estímulos que recibe, pero también de la intensidad de los mismos o la variedad, ya que esto impide la monotonía. Por lo tanto, el dinamismo que mantengan los docentes o formadores en el aula, los gestos, la voz, el énfasis o intensidad que den a determinados conceptos permiten mejorar la variedad de estímulos y con ello el mayor grado de atención del alumnado.

- **Sensibilización como técnica introductoria:** se trata de crear un clima o nivel de expectación adecuado al principio de la sesión para lograr un adecuado nivel de atención. Para el desarrollo de este propósito se deberán presentar de forma clara y sencilla los objetivos de cada sesión, destacando su aplicabilidad, enlazándolo con lo expuesto en los días anteriores y presentando problemas o experiencias motivadoras.
- **Integración de los conocimientos o recapitulación:** consiste en realizar resúmenes de los contenidos expuestos al término de los bloques temáticos, estableciendo enlaces con los temas trabajados anteriormente y con los que se verán después, destacando los puntos clave de la materia y dando las oportunidades al alumnado para realizar comprobaciones sobre los conceptos asimilados. Consistirá fundamentalmente en hacer al alumnado consciente de su progreso y que conozca la dirección que deberá tomar para lograr el resto de los objetivos.
- **Comunicación no verbal, uso del silencio:** el dominio del lenguaje corporal, los movimientos y los gestos del docente apoyan la interacción misma con los alumnos acompañando y reforzando el mensaje. Asimismo, el silencio, siempre que no dé lentitud a la exposición o sea por falta de dominio sobre el tema, crea expectación sobre el mensaje.
- **Refuerzo de la motivación y participación del alumnado:** los comentarios o gestos positivos de los docentes o formadores apoyando la participación del alumnado favorecen la continuidad en dichas aportaciones. Si la intención fuese, por el contrario, la extinción de aportaciones o comentarios negativos se recomienda la indiferencia ante los mismos.
- **Secuencialidad:** se tratará de evitar dar saltos en los contenidos ya que esto puede favorecer que los alumnos se pierdan en la materia. Los conceptos o contenidos se ordenarán de manera que se facilite una linealidad en los mismos y se eviten dichos saltos.
- **Control de la comprensión:** es obligación del docente comprobar que los objetivos propuestos en la acción formativa se han alcanzado.

NOTA

Todos los procesos vistos con anterioridad pueden trabajarse independientemente de la modalidad en la que se desarrolle la acción formativa.

Los comportamientos asociados que se han visto serán útiles para:

- Entrenar las habilidades docentes necesarias en el proceso de enseñanza-aprendizaje.

- Lograr, en el alumnado, un clima de interés, expectación y atención por el contenido.

ACTIVIDAD 14

Pedro se encuentra impartiendo una acción formativa presencial sobre ganadería.

Para la sesión que está desarrollando, ha querido darle un carácter muy práctico, por lo que al llegar a clase ha propuesto directamente las actividades al alumnado.

Durante la sesión, el alumnado se distrae y no puede realizar correctamente los ejercicios, pues no comprende los fines u objetivos de los mismos, ¿qué técnica recomendarías usar a Pedro para preparar y motivar al alumnado para recibir los contenidos, mejorando así la sesión?

Selecciona las opciones que consideres correctas.

a. Control de la compresión.
b. Recapitulación.
c. Sensibilización como técnica introductoria.
d. Uso del silencio.
e. Temporalización.

8.2. Estilos didácticos

HILO CONDUCTOR

En el análisis de su práctica, Julia y Roberto también deben revisar el estilo didáctico que han estado utilizando, ¿será el adecuado ahora que la metodología va a cambiar?

Tradicionalmente, se realiza una diferenciación entre tres estilos didácticos o roles que asumen los docentes en relación con la práctica educativa, estos estilos están centrados en los tres modelos o paradigmas educativos más frecuentes:

Estilo técnico

- Tiene un marcado carácter competitivo, en este estilo no se le da ningún valor a la acción formativa, la meta u objetivo y, por tanto, el valor está centrado en el resultado. Se limita a transmitir los contenidos que se le exige impartir. No se tiene en cuenta la calidad y se reproducen los modelos con los que los propios docentes fueron instruidos.
- Es un modelo centrado en el formador, se resiste a los cambios, en este modelo el cumplimiento del programa se hace a rajatabla. Se centran en mantener la disciplina. Sus enseñanzas tienen un marcado carácter funcional.

Estilo práctico

- En este modelo toda la información es susceptible de ser cuestionada, el docente asume la posibilidad de mejorar si es necesario. Suelen ser docentes reflexivos en lo que hacen, se preguntan el por qué y para qué. Se usan métodos variados y flexibles para que los alumnos aprendan a aprender. Este modelo se centra fundamentalmente en los aspectos psicopedagógicos de la enseñanza.

Estilo crítico

- Los docentes se muestran muy críticos y reflexivos con el proceso formativo, entienden la educación y la formación como un proceso democrático. Creen en la educación como un medio para el desarrollo humano y liberación. Suelen quemarse con facilidad.

Se debe recordar que la práctica en educación para adultos requiere un estilo docente determinado, marcado desde la andragogía. Así, la labor docente se caracterizará por lo siguiente:

- **Desempeño del rol de facilitadores:** los formadores deben asumir que son facilitadores del aprendizaje.
- **Conocimiento de las necesidades:** los docentes deben conocer las necesidades del alumnado, las grupales y las individuales.
- **Desempeño de funciones docentes:** las funciones de los docentes consisten en: asesorar, guiar y orientar, evaluando el proceso de forma permanente.

- **Integración docente en el grupo:** los docentes o formadores deberán ser partícipes del grupo, serán considerados como agentes de cambios y facilitarán la interrelación con el alumnado.
- **Programación didáctica adaptada:** planificarán los programas formativos a impartir, adaptándolos a las características del alumnado.
- **Fomento de la participación:** los docentes o formadores promoverán la participación del alumnado en las acciones formativas.
- **Orientación hacia la consecución de los objetivos:** deberán orientar al grupo hacia la consecución de los objetivos o metas de aprendizaje.
- **Fomento de aprendizaje cooperativo:** fomentarán el intercambio de experiencias y tendrán en cuenta los conceptos de aprendizaje cooperativo para el desarrollo de los objetivos del grupo.
- **Adaptación del proceso de enseñanza-aprendizaje según características:** los docentes o formadores tendrán en consideración las diferencias propias del alumnado y adaptarán en la medida de lo posible el proceso de enseñanza-aprendizaje hacia estas características.
- **Consideración de ritmos de aprendizaje:** los docentes deberán tener en cuenta los ritmos diferenciados de cada participante.
- **Consideración de estilos de aprendizaje y modalidad formativa:** los formadores programarán las acciones teniendo en cuenta la multitud de formas y maneras para enfrentar el proceso de enseñanza-aprendizaje, así como la modalidad en que se desarrollará la misma.
- **Conexión con la realidad:** el docente desarrollará vínculos entre el contexto del alumnado y los contenidos educativos.

RECUERDA

La andragogía es una teoría que involucra a la pedagogía y a la educación de adultos, fue desarrollada por Malcom Knowles como medio para abordar el proceso de enseñanza-aprendizaje en adultos, en diferencia a la educación de menores.

Desde la misma, el docente o profesor ha de ser un facilitador del aprendizaje, ya que las personas adultas necesitan ser partícipes de su propio proceso de enseñanza-aprendizaje.

TAREA 20

Silvia es docente de un curso en modalidad virtual sobre alojamientos turísticos. Quiere que el curso sea muy ameno, interesante y participativo. Para ello, además de las actividades de evaluación correspondientes, propone de forma complementaria, la realización de actividades colaborativas, de esta forma el alumnado utilizará las herramientas de comunicación del curso de forma continuada, pero estas actividades son opcionales, no quiere que el alumnado se sienta obligado y sienta la presión que ello conlleva.

¿Qué técnicas utilizarías en este caso para conseguir que el alumnado se sienta motivado y se interese en la materia más allá de lo obligatorio y participe activamente en los foros y demás herramientas disponibles?

9. La sesión formativa

HILO CONDUCTOR

Roberto y Julia ya tienen muy claros los cambios que tienen que hacer, y ya comenzado el curso, tienen que darse prisa para preparar las sesiones formativas, pero no es tan fácil. ¡Se recuerdan a sí mismos que el curso se imparte en modalidad virtual, pero que además incluye sesiones presenciales!

Para el desarrollo adecuado de las acciones formativas, el contenido se estructura en módulos y unidades formativas. En el caso de los certificados profesionales, estos vienen definidos en el Real Decreto correspondiente.

EJEMPLO

En el caso del certificado *HOTG0108. Creación y gestión de viajes combinados y eventos* que están impartiendo Julia y Roberto puede consultarse esa estructuración en el **Real Decreto 1376/2008,** de 1 de agosto, por el que se establecen diez certificados de profesionalidad de la familia profesional Hostelería y turismo que se incluyen en el Repertorio Nacional de certificados profesionales, modificado por el Real Decreto 619/2013, de 2 de agosto.

Pero además, dependiendo de la extensión de su contenido, es recomendable que se estructure y divida en bloques menores, más manejables para el docente y el alumnado, y que tengan en sí mismos significado. Son las unidades didácticas.

Y para la impartición de esas unidades debe establecerse una planificación concreta, distribuyendo o temporalizando el contenido de la misma, así como definiendo otra serie de elementos y recursos para su correcto desarrollo.

Para ello, es importante tener en consideración fundamentalmente el **medio por el cual se desarrollará la acción formativa** en sí, ya que si se trata de modalidad presencial o se va a preparar una sesión síncrona a través del aula virtual, debe distribuirse el contenido de la unidad en **sesiones formativas.**

NOTA

El Real Decreto 659/2023, de 18 de julio, por el que se desarrolla la ordenación del Sistema de Formación Profesional, establece que los certificados profesionales (Formación Profesional Grado C) pueden impartirse en modalidad presencial, semipresencial o virtual, siempre que:

- La modalidad responda a las características, necesidades y perfiles de los destinatarios, así como a las características de la oferta formativa.
- Se garantice la interacción didáctica adecuada, ya sea de forma síncrona o asíncrona.

En el caso de que la acción formativa tenga sesiones presenciales, tendrán que asignarse qué contenidos se desarrollarán *online* y cuáles en presencial, y aunque habrá muchos elementos similares, la planificación variará considerablemente.

IMPORTANTE

En el caso de la modalidad virtual, el contenido no se distribuirá en sesiones formativas propiamente dichas (excepto en el caso de que se planteen sesiones síncronas), ya que en esta modalidad el alumnado cuenta con mayor libertad, tanto temporal como de organización de su propio proceso de aprendizaje, siendo este más autónomo. Pero sí se proporcionarán al alumnado unas orientaciones para que planifique adecuadamente sus tiempos de estudio y las actuaciones a llevar a cabo.

Todos estos elementos de la programación de las sesiones, o de las orientaciones dadas al alumnado en su caso, deben quedar claros; para ello es importante que se contextualice la acción formativa y se dé a conocer toda la información sobre la misma.

En este sentido, se pondrá a su disposición la **guía del alumnado,** donde quedará reflejada toda la organización y temporalización de las diferentes unidades didácticas.

9.1. Las guías didácticas

Las guías didácticas adquieren especial relevancia en el procedimiento de enseñanza-aprendizaje en entornos virtuales de formación. Estos procedimientos estarán marcados por las guías, donde se plasmarán todos los contenidos e información relativa a la acción formativa en particular.

Para que una guía sea efectiva, debe tener unas características determinadas:

- **Globalidad:** debe ser global, la globalidad se definirá como la capacidad para describir el proceso de enseñanza-aprendizaje y enmarcarlo dentro de una acción formativa concreta, incluyendo las referencias a los objetivos del aprendizaje digitales y todos los servicios que sean necesarios incorporar para completar el proceso.

- **Flexibilidad:** debe ser pedagógicamente flexible, todos los elementos deberán estar integrados de forma pedagógica, y adaptados a las características de las acciones formativas.
- **Personalización:** el contenido y las actividades deberán poder adaptarse según las preferencias, necesidades y circunstancias de los usuarios.
- **Formalización:** se realizará una descripción formal del diseño para que sea posible su procesamiento de forma automática.
- **Interoperabilidad:** las características del diseño permitirán que sean intercambiables, en el sentido de que puedan trabajarse en cualquier herramienta o entorno.
- **Compatibilidad:** los contenidos deberán ser compatibles con las diferentes especificaciones o entornos.
- **Reutilización:** permitirán integrar cualquier tipo de producto en su entorno educativo y a la vez reutilizarlo en diferentes contextos.

RECUERDA

En la guía didáctica se debe recoger toda la información relativa a las acciones formativas.

Los requisitos de la guía del alumnado para certificados de profesionalidad se recogen en el Anexo III de Orden TMS/369/2019, de 28 de marzo, por la que se regula el Registro Estatal de Entidades de Formación del Sistema de Formación Profesional para el empleo en el ámbito laboral, así como los procesos comunes de acreditación e inscripción de las entidades de formación para impartir especialidades formativas incluidas en el Catálogo de Especialidades Formativas. Recuerda que actualmente, los certificados de profesionalidad han pasado a ser Formación Profesional, Grado C, certificados profesionales.

Según dicha Orden, los **elementos que deben incluirse** son los siguientes:

- **Identificación del certificado profesional:** denominación, nivel, familia profesional, cualificación profesional de referencia, información sobre el entorno profesional.
- **Perfil del alumnado:** indicación de los requisitos formativos y profesionales (criterios de acceso).
- **Requisitos técnicos:** indicación del *hardware* y *software* necesarios para realizar la acción formativa en modalidad virtual.

- **Objetivos generales de la acción formativa:** expresados de forma clara y comprensible, resumiendo la competencia general a lograr al finalizar la acción formativa.
- **Organización general de la acción formativa:** concretando su estructura (relación de módulos formativos y/o unidades formativas), calendario de impartición, con fechas de inicio y finalización.
- **Funcionamiento de la acción formativa:** botones, navegación, herramientas, recursos y utilidades.
- **Sistema tutorial:** identificación del equipo de tutores de cada módulo formativo, tipo de tutorías que se desarrollarán (virtuales y/o presenciales con su calendario de realización) y procedimiento de contacto.
- **Plan de trabajo:** descripción ordenada y secuenciada temporalmente de las actividades, precisando tanto las actividades propuestas como las pruebas de evaluación, con orientaciones para su desarrollo y estimación de la dedicación (promedio de horas diaria/semanal).
- **Sistema de evaluación del aprendizaje:**

  - Sistema de evaluación durante el desarrollo de la acción formativa, con indicación de su finalidad, procedimientos que se emplearán, frecuencia e instrumentos de evaluación (trabajos, actividades, pruebas evaluables) y plazos de presentación.
  - Sistema de evaluación final, precisando objetivos, trabajos evaluables (individuales o grupales) y pruebas finales por módulo (presenciales), con calendario, lugar de realización y sistema de puntuación.

- **Efectos de la evaluación positiva:**

  - Obtención del certificado profesional o acreditaciones parciales acumulables.
  - Procedimientos, forma, lugares y plazos de solicitud y trámites.

- **Servicio de atención al usuario:** formas de contacto, calendario y horario de atención para hacer consultas y resolver incidencias o problemas técnicos vinculados a la utilización del *software* y *hardware* (FAQ, tutoría técnica...).

9.2. Organización de una sesión formativa. Preparación y desarrollo de una acción formativa

☞ HILO CONDUCTOR

Ante la planificación de las sesiones formativas, dado que la mayoría de contenido se imparte en teleformación, Roberto tiene muchas dudas... si la teleformación elimina las barreras temporales y aporta como una de sus ventajas la posibilidad de adaptar el ritmo de trabajo al alumnado, ¿no puede parecer incoherente fijar un calendario de impartición para el desarrollo de las sesiones formativas?

Antes de impartir una sesión formativa, el docente debe planificarla cuidadosamente, y reflejar en la guía didáctica cómo será su desarrollo, de forma que los participantes tengan en todo momento presentes los objetivos que se deben alcanzar, contenido que se trabajará en la sesión y estrategias que se utilizarán.

Uno de los aspectos que hay que reflejar en la guía del alumnado, según el Anexo III de la Orden TMS/369/2019, de 28 de marzo, a la que se ha hecho referencia anteriormente, es la organización general de la acción formativa, dentro de la cual se contemplará la estructura, y organización de los módulos, unidades formativas y/o unidades didácticas que contiene.

Como dice Roberto, la gran ventaja de la teleformación es su **flexibilidad,** pero aunque esto permite al alumnado elegir cuándo estudiar, se debe establecer un **periodo de estudio recomendado,** de forma que cuenten con unas pautas que les ayuden a organizar su proceso de aprendizaje. Así, en lo referente a teleformación, dentro de la guía del alumnado también se realizará la distribución de las diferentes sesiones formativas y la planificación para su desarrollo.

En relación a la organización de las diferentes sesiones formativas y la planificación para su desarrollo, el alumnado debe conocer la distribución de contenidos de cada unidad didáctica y otra información de interés relativa a la misma.

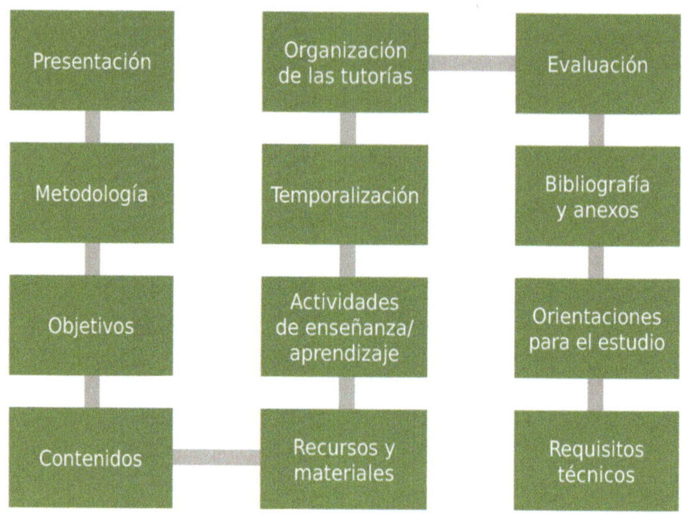

Todos estos elementos también irán recogidos en la guía del alumnado.

NOTA

Existirá flexibilidad en la práctica cotidiana con respecto a los criterios marcados, siendo dicha práctica la que determine en última instancia las pautas, ritmos y tiempos en los que se desarrollarán dichas acciones.

A continuación se analizarán detenidamente cada uno de estos elementos.

Presentación

En este apartado se dará a conocer la información general de la unidad didáctica en concreto. Se incluirán los siguientes elementos:

Descripción

- Junto con el título de la unidad didáctica se expondrá una breve descripción de la misma, centrada en el tema o materia específica.
- Ejemplo. **Eventos y protocolo.** En esta unidad se analizarán el concepto de protocolo y las clases de protocolo, dependiendo del contexto en el que nos encontremos. Además, se verán las aplicaciones más habituales del protocolo en diferentes eventos, aplicándose las técnicas de protocolo más habituales. Por último, se hará especial hincapié en el protocolo aplicado a la restauración.

Justificación

- Dentro de la justificación se expondrán todas las razones por las que es necesario el estudio de la unidad, explicando de forma detallada por qué es conveniente su estudio y cuál será la utilidad del conocimiento adquirido. Se establecerá la relación de la materia o tema con la programación didáctica general y con los objetivos y contenidos que en ella se proponen.

Metodología

En la planificación de la unidad didáctica, se tendrá especialmente en cuenta la metodología que se va a seguir durante el proceso de enseñanza-aprendizaje, diseñando las estrategias que van a aplicarse para cada uno de los trabajos en las diferentes sesiones; esto quedará reflejado en la guía del alumnado.

Es importante que el alumnado conozca los **métodos y estrategias** que se van a utilizar, de este modo sabrán qué se espera de ellos, cómo deben actuar. Y esto es especialmente relevante en la formación virtual, en la que el alumnado debe afrontar y dirigir su propio proceso de aprendizaje, actuando de forma autónoma.

EJEMPLO

Metodología

El desarrollo de la unidad se basará en una metodología constructivista y activa, centrada en el alumnado, siendo este el artífice del proceso de enseñanza-aprendizaje, y quien, de forma conjunta, construya el conocimiento.

Para ello, se utilizarán estrategias de trabajo colaborativo, que permitan el desarrollo de las habilidades necesarias para la construcción del conocimiento, como son la capacidad de negociación, toma de decisiones, análisis crítico, argumentación, etc.

Algunas de las técnicas utilizadas serán el debate, la simulación, análisis de casos.

Objetivos didácticos

Los objetivos didácticos son las metas o fines que se pretenden alcanzar con el desarrollo de la unidad didáctica.

Estos, se presentarán de igual forma, ya sea para formación presencial, semipresencial o virtual.

Para su elaboración, hay que tener en cuenta la **clasificación** de los mismos:

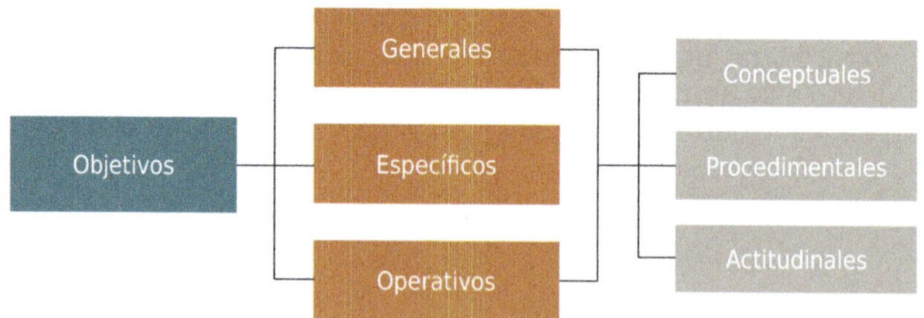

Pero además de contemplar todos los tipos de objetivos, estos deben estar correctamente formulados.

PARA SABER MÁS

Consulta el siguiente enlace para saber cómo se formulan correctamente los objetivos y cuáles son los errores más comunes:

https://redirectoronline.com/uf16450302

ACTIVIDAD COMPLEMENTARIA

20. Dados los siguientes objetivos para un curso de "Decorador de escenarios", analiza su formulación:

Objetivo general:
Coordinar la realización de decorados de un espectáculo o producción audiovisual, determinando la utilización de las técnicas adecuadas que se adapten a las necesidades del medio en que se desarrolla la actividad y al diseño establecido.

Objetivos específicos:

- Conocer las características comunes y las específicas de los diversos medios (cine, televisión y espectáculos en vivo), donde se desenvuelve el espectáculo narrativo.
- Interpretación de las características generales de la decoración a través de diversas etapas de la historia.
- Aplicar técnicas de organización y planificación de un proceso de trabajo.

Continúa en página siguiente >>

<< Viene de página anterior

- Enseñar a interpretar planos espaciales y de detalle constructivo, así como los efectos de luz-sombra y color.
- Transmitir al alumnado los conocimientos necesarios para organizar la construcción de la estructura de decorados a partir del uso de las técnicas y los materiales adecuados.
- Aplicación de las normas de seguridad e higiene en el trabajo en producciones audiovisuales y espectáculos para garantizar su cumplimiento y prevenir posibles accidentes y siniestros.

¿Están correctamente formulados? ¿Por qué motivo? En caso de haber algún error en su formulación, ¿cuál es? ¿Qué cambios realizarías en los mismos?

Contenidos

Los contenidos hacen referencia a la materia o tema en cuestión que se desarrollará.

Dicha materia está conformada por los contenidos **conceptuales, actitudinales y procedimentales** que se desarrollarán en la unidad didáctica.

Se presentará el índice de los mismos, de forma secuenciada y ordenada.

 **EJEMPLO**

Eventos y protocolo

1. El concepto de protocolo

    1.1. Origen
    1.2. Clases
    1.3. Utilidad
    1.4. Usos sociales

Continúa en página siguiente >>

<< Viene de página anterior

2. Clases de protocolo

   2.1. El protocolo institucional tradicional
   2.2. El protocolo empresarial
   2.3. El protocolo internacional

3. Descripción de las razones y aplicaciones más habituales del protocolo en diferentes eventos

4. Aplicación de las técnicas de protocolo más habituales

   4.1. Precedencias y tratamientos de autoridades
   4.2. Colocación de participantes en presidencias y actos
   4.3. Ordenación de banderas

5. Aplicación de las técnicas más habituales de presentación personal

6. El protocolo aplicado a la restauración

   6.1. Selección de comedor
   6.2. Selección de mesas: únicas o múltiples
   6.3. Elementos de la mesa
   6.4. Servicio personal del plato
   6.5. Decoración y presentación de la mesa
   6.6. La estética de la mesa
   6.7. Colocación protocolaria de presidencias y restantes comensales
   6.8. Conducción de comensales hasta la mesa
   6.9. Normas protocolarias en el momento del discurso y el brindis
   6.10. Normas protocolarias en el vino de honor, cóctel o recepción, *buffet*, desayuno de trabajo y *coffee-break*.

Recursos y materiales didácticos

Se establecerá una relación de los **materiales, medios y recursos** que serán necesarios para el adecuado desarrollo de las actividades y de las exposiciones docentes, se detallarán tanto los medios materiales como los medios humanos y los requisitos de los formadores (por ejemplo, el nivel formativo).

En la formación virtual la descripción de los materiales didácticos es esencial, debido a la gran variedad de **materiales multimedia** que se utilizan.

El alumnado debe entender claramente cómo acceder al contenido, cómo navegar por él, dónde encontrar cada tipo de material (paquete de contenido, simulaciones, documentos complementarios), qué significado tiene cada icono, etc.

Para ello, el docente incluirá en la guía todos los tipos de material de los que se dispone, opciones de las que disponen, así como imágenes en las que se vea muy claramente a qué se está refiriendo con cada explicación.

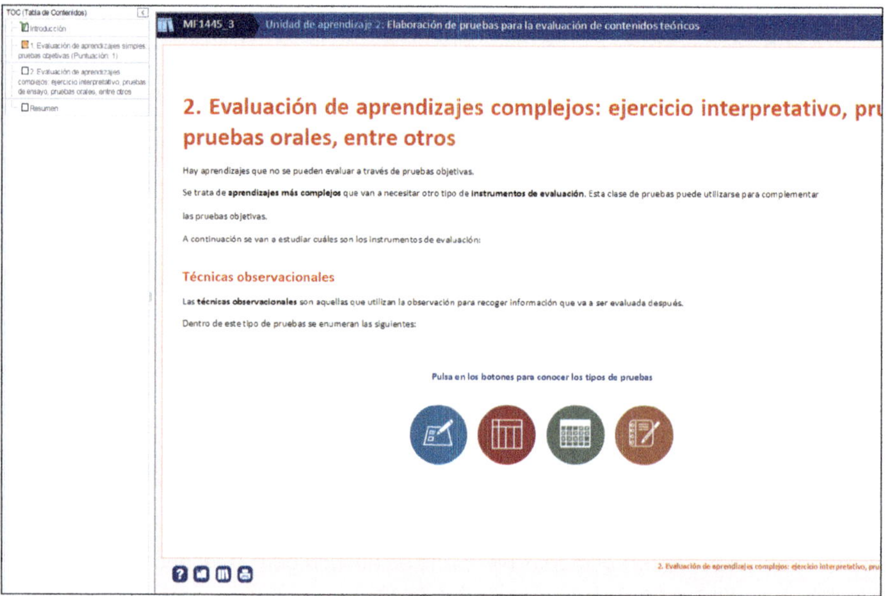

Normalmente, en las plataformas de formación, cuando el alumno ha visualizado el contenido, la parte finalizada queda marcada con una V verde.

Actividades de enseñanza-aprendizaje

En este apartado se desarrollará una **secuenciación de las actividades** que se llevarán a cabo en la sesión formativa. Para la programación de las mismas se tendrán en cuenta las características del alumnado, el contexto y la adaptación a las diferentes necesidades educativas que existan.

A la hora de diseñar las actividades, es importante dar las instrucciones para su realización de forma clara y concisa, especialmente en la formación virtual en la que el alumnado lleva a cabo el proceso de forma autónoma.

Además, deben plantearse actividades que favorezcan la motivación del alumnado y su participación, como las de carácter **colaborativo.**

En la formación virtual las actividades pueden estar diferenciadas dependiendo si hay o no interacción del tutor en ellas, dando lugar a dos tipos:

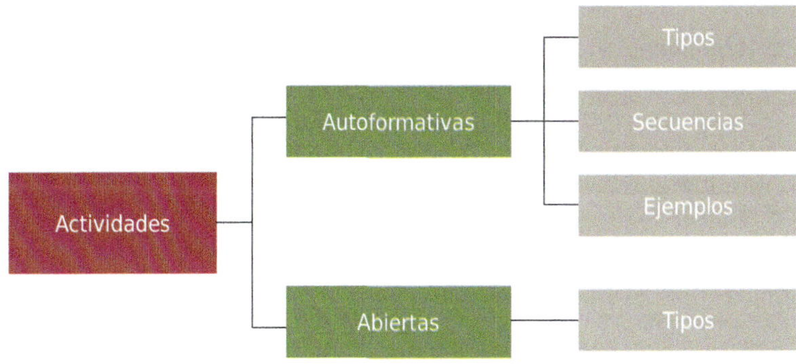

Las **actividades autoformativas** son las que se desarrollan sin la intervención del docente o tutor, es decir, el alumnado las podrá desarrollar de forma individual.

Los **tipos de actividades autoformativas** son:

- **Secuencias dirigidas, aprendizaje autoguiado:** en este tipo de actividades no se produce ninguna interacción por parte del usuario, sino que los contenidos son presentados al alumnado de una forma predefinida por el tutor.
- **Secuencias guiadas por el propio alumno, aprendizaje autodidacta:** esta fórmula permite al alumnado decidir sobre los contenidos en los que va a trabajar, puede ser una secuencia guiada total o parcialmente, donde se permite cierta interacción del alumnado.
- **Secuencias adaptativas:** el propio sistema determina la forma de secuenciar los contenidos atendiendo a las características del propio alumnado.

Las **secuencias** podrán incluir reglas que marcarán los procesos a seguir por parte del alumnado. Algunos ejemplos de estas reglas son:

- Si se realiza satisfactoriamente esta pregunta pasar a ...
- Si se obtiene una puntuación máxima de ... ir a ...
- Si se sobrepasa el límite de tiempo concedido ...
- Si se completa satisfactoriamente ... pasar directamente a ...
- Otras.

El **tipo de preguntas o actividades** que se podrán incluir en las actividades autoguiadas pueden ser:

- Identificación lógica.
- Selección múltiple (basadas en texto, imagen, audio).
- Respuesta múltiple (basadas en texto, imagen, audio).
- Selección múltiple (con múltiples imágenes y opciones basadas en deslizadores).
- Orden de objetos (basadas en texto e imagen).
- Conexión de puntos (basados en imagen).
- Coordenadas X-Y.
- Cadenas.
- Rellenar campos vacíos múltiples.
- Respuestas cortas.
- Números.
- Grupos lógicos.

Por otro lado, las **actividades abiertas** incluyen aquellas que se realizan bajo la supervisión del tutor o formador. Será importante que la estructura y planificación de las mismas sea la adecuada, para evitar la incomprensión o la no adaptabilidad al alumnado. Estas actividades serán evaluadas por el formador o tutor. Deben estar estandarizadas, es decir, que se identifique claramente el tipo de actividad de la que se trata, los objetivos que persigue, incluso la forma de evaluación de las mismas.

Estas actividades pueden ser actividades individuales o colaborativas. Dentro de las mismas, serán primordiales las actividades colaborativas en las que la actitud, experiencia y características del tutor cobrarán especial relevancia.

Diseño de actividades de enseñanza-aprendizaje abiertas

Mediante el diseño de las actividades se debe **fomentar la reflexión e interacción** del alumnado, y se consigue en mayor medida con el uso de actividades abiertas.

En ellas se deben incluir los siguientes elementos:

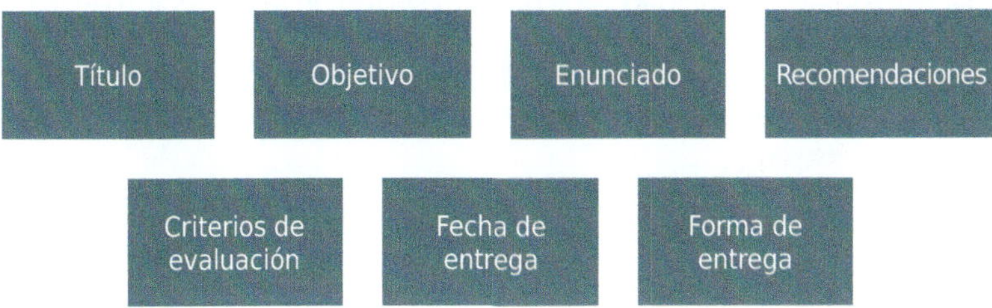

Título

Debe ser significativo.

Actividad 3.1. Preparación y montaje de muebles de cocina.

Objetivo

Debe quedar desde un primer momento claro para el alumnado, de forma que este oriente la realización de la actividad hacia la consecución del mismo.

Fabricar un mueble de cocina, respetando las especificaciones del plano, así como las medidas de seguridad y normas de salud laboral.

Enunciado

Descripción de la actividad y los pasos a seguir en la ejecución de la misma.

EJEMPLO

Observa estos planos de un mueble de cocina.

- Plano mueble de cocina

La clase se dividirá en grupos de 5 personas. Tras observar el plano, en el taller de clase, debéis realizar en grupo, las siguientes operaciones:

1. Leer e interpretar los planos y especificaciones de producto y proceso.
2. Preparar el material, de acuerdo a las especificaciones dadas.
3. Seleccionar las máquinas y herramientas para su fabricación.
4. Realizar las operaciones de mecanizado para su elaboración.
5. Hacer las comprobaciones necesarias.
6. Montar el mueble.

Tras finalizar el trabajo en el taller, de forma individual, debes:

- Resumir los pasos dados para la fabricación del mueble, indicando las máquinas y herramientas utilizadas, justificando su elección.
- Indicar los riesgos existentes en las operaciones con máquinas y útiles.
- Indicar las medidas de protección de las máquinas, y personales que se han utilizado.
- Describir los riesgos que han existido durante el proceso de mecanizado.

Recomendaciones

Sugerencias y recomendaciones para la realización de la actividad. Se incluyen posibles pistas que el tutor o tutora deben establecer para que el alumnado lleve a cabo la actividad.

EJEMPLO

- Para la realización de la actividad puede ayudarle la consulta de la Unidad didáctica 3.
- Antes de comenzar la actividad, es importante que organicéis el trabajo a realizar entre los diferentes miembros del grupo.
- Existe un foro privado, a disposición de cada grupo, en el que se pueden organizar los diferentes aspectos, o comentar el proceso de fabricación, y resultados del mismo.

Criterios de evaluación

Parámetros por los cuales el tutor o tutora evaluará la actividad realizada por el alumnado, los cuáles deben conocer para cubrirlos con la realización de la actividad.

EJEMPLO

Para la valoración de la actividad se tendrán en cuenta los siguientes criterios:

- Interpreta correctamente los planos.
- Selecciona y prepara adecuadamente el material utilizado para la elaboración del mueble.
- Selecciona la maquinaria y herramientas adecuadas.
- Utiliza la maquinaria, teniendo en cuenta los riesgos que conlleva.
- Adopta las medidas de seguridad necesarias para el uso de la maquinaria.
- Se expresa de forma clara y concisa, utilizando un lenguaje correcto.
- Sintetiza la información, contemplando los aspectos clave para la fabricación del mueble.
- Se organiza y colabora activamente con el grupo de trabajo.

Fecha de entrega

Este dato se incluirá principalmente en las actividades diseñadas para la formación virtual. Aquí se presentará una agenda o cronograma de actividades, estableciendo las fechas en las que comienzan y finalizan las actividades.

EJEMPLO

La actividad de fabricación del mueble se realizará en clase la semana del 2 al 6 de marzo. El trabajo individual, tras la fabricación del mueble, debe entregarse antes del día 20 de marzo.

Forma de entrega

Este dato se incluirá principalmente en las actividades diseñadas para la formación virtual. Se informará al alumnado de la forma en que debe entregar la actividad, el tipo de documento que debe elaborar, dónde entregarla, si se realiza de forma grupal, etc.

EJEMPLO

Una vez concluida la fabricación del mueble, realice la actividad en un documento de texto, y una vez elaborado, entregue la actividad a su tutor o tutora para su corrección a través del buzón de actividades.

PARA SABER MÁS

Observa, en el siguiente enlace el ejemplo completo, en el que se muestra una actividad para un curso de mecanizado de madera en modalidad virtual. En ella se contempla tanto el trabajo grupal como individual:

https://redirectoronline.com/uf16450303

Temporalización y organización

En este apartado se desarrollará una temporalización de las sesiones formativas. En el caso de la teleformación, aunque permite al alumnado elegir cuándo estudiar, se debe establecer un periodo de estudio recomendado.

EJEMPLO

Julia y Roberto facilitarán un calendario para que sirva de guía y referente al alumno sobre su evolución en el curso. Establecen como periodo de estudio recomendado 3 horas diarias. En base a esta distribución se hará el cálculo de las sesiones formativas.

Continúa en página siguiente >>

<< Viene de página anterior

Módulo Formativo / Unidad formativa	**Duración en horas**	**Número de sesiones formativas**	**Fecha de inicio**	**Fecha de finalización**
UF0073: Productos, servicios y destinos turísticos	90 h	30 sesiones	Día 1	Día 30
UF0074: Planificación, programación y operación de viajes combinados	60 h	20 sesiones	Día 31	Día 50
UF0075: Planificación, organización y control de eventos	90 h	30 sesiones	Día 51	Día 80
UF0076: Comercialización de eventos	30 h	10 sesiones	Día 81	Día 90
UF0043: Gestión de protocolo	30 h	10 sesiones	Día 91	Día 100
UF0077: Procesos de gestión de unidades de información y distribución turísticas	70 h	23 sesiones	Día 101	Día 123
UF0049: Procesos de gestión de calidad en hostelería y turismo	50 h	17 sesiones	Día 124	Día 140
MF1057_2: Inglés profesional para turismo	90 h	30 sesiones	Día 141	Día 170

Distribución de sesiones formativas por módulos y/o unidades formativas

Como has observado en la tabla anterior, en el caso de la *UF0043. Gestión del protocolo,* que estamos utilizando como ejemplo en el caso de Julia y Roberto, se desarrollarán 10 sesiones formativas.

Siendo así, en este apartado se desarrollará una temporalización de las sesiones formativas de forma general:

Sesiones	Duración en horas	Modalidad	Fecha
Presentación	1	Teleformación	-
Sesión 1	3	Teleformación	-
Sesión 2	3	Teleformación	-
Sesión 3	3	Teleformación	-
Sesión 4	3	Teleformación	-
Sesión 5	3	Teleformación	-
Sesión 6	3	Teleformación	-
Sesión 7	3	Teleformación	-
Sesión 8	3	Teleformación	-
Sesión 9	2,5	Presencial	-
Sesión 10	2,5	Presencial	-

IMPORTANTE

Esta distribución deberá ajustarse al calendario real durante el que se vaya a desarrollar la acción formativa, teniendo en cuenta posibles días festivos o no lectivos.

Además de la temporalización general de las sesiones se contemplará la **secuenciación de las actividades** que se llevarán a cabo en cada sesión formativa. Para la programación de las mismas se tendrán en cuenta las características del alumnado, el contexto, el medio y la adaptación a las diferentes necesidades educativas que existan.

Observa la **temporalización de una sesión formativa presencial:**

Actividades/Temporalización Sesión 10	9-10		10-11		11-12	
Inicio de sesión: Recordatorio sesión previa y lluvia de ideas						
Role playing: Protocolo en restaurantes						
Ronda de preguntas						
Conclusiones						

En la **formación presencial,** además, se contemplarán los **espacios** necesarios para el desarrollo de cada sesión y/o actividad dentro de la sesión.

En la formación **virtual,** la temporalización deberá contener un **cronograma** con la fecha de inicio y fin de cada unidad didáctica y el contenido a tratar de forma recomendada dentro de las mismas, así como de todas las acciones que se desarrollarán, como actividades complementarias, charlas o chat con expertos, evaluaciones, etc.

Observa este ejemplo de un módulo correspondiente al certificado "HOTG0108. Creación y gestión de viajes combinados y eventos":

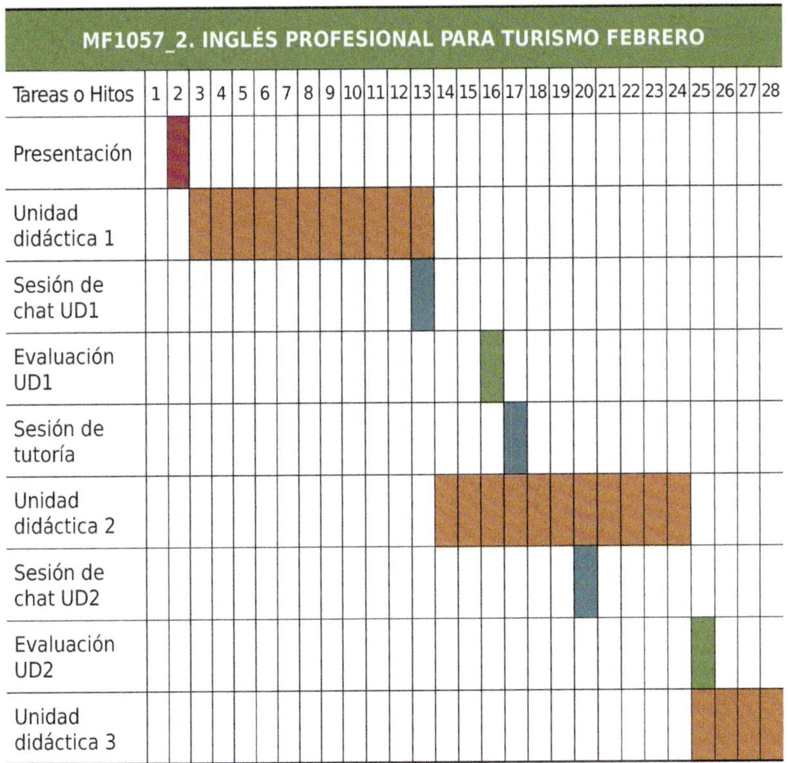

MF1057_2. INGLÉS PROFESIONAL PARA TURISMO FEBRERO

Tareas o Hitos	1	2	3	4	5	6	7	8	9	10	11	12	13	14	15	16	17	18	19	20	21	22	23	24	25	26	27	28
Presentación																												
Unidad didáctica 1																												
Sesión de chat UD1																												
Evaluación UD1																												
Sesión de tutoría																												
Unidad didáctica 2																												
Sesión de chat UD2																												
Evaluación UD2																												
Unidad didáctica 3																												

MF1057_2. INGLÉS PROFESIONAL PARA TURISMO MARZO

Tareas o Hitos	1	2	3	4	5	6	7	8	9	10	11	12	13	14	15	16-31
Unidad didáctica 3																
Sesión de chat UD3																
Sesión de tutoría																
Evaluación UD3																
Evaluación final																

En caso de que la acción formativa contemple sesiones presenciales, habrá que diferenciar cómo se distribuirán las sesiones y contenidos, cuáles se desarrollarán de forma presencial y cuáles *online*, justificando esa distribución.

Organización de las tutorías

Como habrás observado en el cronograma del apartado anterior, en el mismo también se incluirá la organización de las tutorías.

Además de incluirlas en el mismo, se deben detallar los **horarios y tipos de tutorías** que se llevarán a cabo, ya sean individuales o grupales y presenciales o telemáticas, así como la identificación del **equipo de tutores y los procedimientos de contacto.**

Observa cómo Julia y Roberto detallan esta información para la acción formativa que están desarrollando:

IDENTIFICACIÓN DEL EQUIPO DE TUTORES Y DATOS DE CONTACTO

Módulo Formativo / Unidad Formativa	Tutor-formador	Datos de contacto
UF0073: Productos, servicios y destinos turísticos	Julia Apellido Apellido (teleformación)	Teléfono: 900000000 *e-mail:* julia@dominio.es
UF0074: Planificación, programación y operación de viajes combinados	Julia Apellido Apellido (teleformación)	Teléfono: 900000000 *e-mail:* julia@dominio.es
UF0075: Planificación, organización y control de eventos	Julia Apellido Apellido (teleformación)	Teléfono: 900000000 *e-mail:* julia@dominio.es
UF0076: Comercialización de eventos	Julia Apellido Apellido (teleformación)	Teléfono: 900000000 *e-mail:* julia@dominio.es
UF0043: Gestión de protocolo	Julia Apellido Apellido (teleformación) (teleformación) Roberto Apellido Apellido (presencial)	Teléfono: 900000000 *e-mail:* julia@dominio.es *e-mail:* roberto@dominio.es
UF0077: Procesos de gestión de unidades de información y distribución turísticas	Julia Apellido Apellido (teleformación)	Teléfono: 900000000 *e-mail:* julia@dominio.es

Continúa en página siguiente >>

<< Viene de página anterior

IDENTIFICACIÓN DEL EQUIPO DE TUTORES Y DATOS DE CONTACTO		
Módulo Formativo / Unidad Formativa	**Tutor-formador**	**Datos de contacto**
UF0049: Procesos de gestión de calidad en hostelería y turismo	Julia Apellido Apellido (teleformación)	Teléfono: 900000000 *e-mail:* julia@dominio.es
MF1057_2: Inglés profesional para turismo	Roberto Apellido Apellido (presencial)	Teléfono: 900000000 *e-mail:* Roberto@dominio.es
	Servicio Técnico	Teléfono: 900000000 *e-mail:* servicio_tecnico@dominio.es

Evaluación

En la evaluación se especificarán todos los aspectos relativos a la misma, que afecten al proceso de enseñanza-aprendizaje:

A continuación se explican cada una de las preguntas del esquema:

- **¿Qué evaluar?:** contenido que va a evaluarse y grado de consecución de objetivos: obtención de resultados de evaluación.
- **¿Cómo evaluar?:** los métodos que se utilizarán para evaluar.
- **¿Dónde evaluar?:** espacio para la evaluación: aula virtual, presencial...
- **¿Con qué evaluar?:** la tipología de las evaluaciones y las pruebas de las que consta la acción formativa, así como las características de las mismas.
- **¿Para qué evaluar?:** objetivos, finalidad de las evaluaciones.
- **¿Cuándo evaluar?:** los momentos para la realización de las evaluaciones: antes, durante, después.
- **¿A quién va dirigida?:** alumnado, docentes, centro...
- **¿Quién/es evalúan?:** la persona que desarrollará dicha evaluación (alumnado, formador).

Es importante que el alumnado tenga claras las **actividades y pruebas** en las que se basará la evaluación para la obtención de resultados.

En este sentido, se debe indicar el seguimiento que se realizará de su desarrollo y cómo influirá la realización de cada una de ellas en los resultados finales.

EJEMPLO

Se incluirá una actividad final de evaluación colaborativa y otra individual por cada una de las unidades didácticas.

Cada una de las actividades supondrá el 30 % sobre la calificación final de la unidad.

Asimismo, al finalizar cada unidad didáctica se presentará una prueba de evaluación final de dicha unidad, que constará de 15 preguntas aleatorias de selección múltiple. Para la realización de esta prueba se tendrá un solo intento, con una duración de 60 minutos. El resultado de la misma supondrá el 30 % sobre la calificación final de la unidad.

Además, se tendrá en cuenta el interés y la participación mediante las herramientas de comunicación del curso, que supondrá el 10 % de la calificación final de unidad.

Las labores de seguimiento son especialmente relevantes en la formación virtual en la que se pueden dar situaciones de riesgo debido a una mala organización del trabajo por parte del alumnado.

Por ello, es importante prever **acciones de seguimiento** encaminadas a conseguir un correcto desarrollo de la acción formativa.

 **EJEMPLO**

En relación a la entrega de una actividad, se planificarán una serie de acciones, como por ejemplo:

- Dos días antes de que cumpla el plazo de entrega de una actividad se le recordará al alumnado mediante *e-mail* y de forma general, en el foro del módulo.
- El mismo día de entrega de la actividad, se le recordará al alumnado al alumnado que aún no la haya entregado el plazo establecido mediante *e-mail*, y se le animará para su realización.
- Al día siguiente de la entrega de la actividad se les enviará un mensaje a aquellas personas que la hayan entregado, felicitándoles por haber entregado a tiempo y reconociendo su labor.
- Al día siguiente de la entrega de la actividad se llamará por teléfono a aquellas personas que no la hayan entregado, para conocer los motivos por los que no han entregado, ayudarles en caso de que lo necesiten y negociar con ellos una fecha de entrega.
- Tras la corrección, se dará a aquellas personas que lo necesiten las orientaciones para la mejora de las mismas, así como un plazo para que hagan correcciones aplicando las mejoras si lo desean.

Bibliografía y anexos

En las unidades didácticas se podrán incluir los anexos o bibliografía que serán necesarios para el desarrollo de los contenidos de dicha unidad, estos materiales serán el apoyo o recursos sobre los que se sustentarán las unidades didácticas.

Este apartado se incluirá principalmente en la **formación presencial**, ya que en la formación virtual, estos se incluirán en forma de material complementario, proporcionando al alumnado gran variedad de recursos multimedia: enlaces, vídeos, animaciones, infografías, etc., que les sirvan de apoyo a la unidad o para ampliar la información relativa a la misma.

La información complementaria permitirá al alumnado profundizar en el contenido de la unidad, hacer aclaraciones o ampliar la información relativa a la misma, según sus intereses.

Orientaciones para el estudio y requisitos técnicos

Aunque en la formación presencial también se puedan dar una serie de orientaciones para el estudio, estos apartados son propios de la formación virtual, en la que el alumnado debe desarrollar su trabajo de forma autónoma y esas orientaciones le servirán de guía para trazar el camino a seguir.

Mediante las mismas, se proporcionará al alumnado una serie de **recomendaciones para el desarrollo de la acción formativa,** que les permita seguir un orden lógico en el estudio de la misma.

Se insistirá en la relación entre las diferentes partes de los contenidos y la metodología propuesta, de manera que el alumnado pueda relacionar por sí mismo las diferentes partes de la materia.

En la formación virtual, el alumnado cuenta con muchas opciones y recursos a los que acceder. Las orientaciones para el estudio le permitirán seguir un orden lógico en el acceso a los mismos.

Además, para el acceso a los cursos en modalidad virtual deben cumplirse una serie de **requisitos técnicos** que permitan acceder al alumnado a todos los contenidos y recursos, y visualizarlos de forma correcta.

Es importante que el alumnado conozca esos requisitos por si surge algún incidente, en cuyo caso, esta ayuda les permitirá solventarlo.

TAREA 21

Rocío es tutora de un curso sobre "Búsqueda de empleo a través de Internet" de forma presencial para un grupo de alumnos en situación de desempleo del sector de la restauración, todos ellos con amplia experiencia como cocineros/as. Tras ver la utilidad de las redes profesionales, como "Linkedin" o "Xing", ¿qué actividad o actividades, que impliquen, tanto trabajo colaborativo como individual, puede proponer al alumnado?

Ayuda a Rocío a diseñar la actividad adecuada, determinando de forma clara y motivadora las instrucciones para el desarrollo de la misma.

¿Y si la acción formativa se desarrollase de forma virtual? Realiza el diseño de dicha actividad.

TAREA 22

Has ayudado a Rocío con su labor, y ya ha creado las actividades correspondientes al curso "Búsqueda de empleo a través de Internet", que se desarrolla de forma presencial. ¿De qué forma harás el seguimiento del desarrollo de dichas actividades? ¿Y si la acción formativa se desarrollase de forma virtual?

9.3. La exposición didáctica: requisitos y características

HILO CONDUCTOR

Con las sesiones bien planificadas, Julia y Roberto llegan a una parte del mismo que se realiza de forma presencial.

Ha llegado el momento de comprobar si han acertado con las nuevas estrategias, pero aunque han hecho cambios y quiere dar protagonismo al alumnado, para sentar bien las bases teóricas, Roberto, que será el docente de esta parte, seguirá apoyándose principalmente en la exposición de contenido, aunque intentando que la comunicación se desarrolle siempre de forma multidireccional.

La educación o formación puede ser entendida como un proceso de comunicación en el que se transmitirán mensajes icónicos, verbales y no verbales. De ahí la importancia de que este proceso de comunicación se desarrolle en las óptimas condiciones para que el proceso de enseñanza-aprendizaje alcance los niveles máximos de calidad.

Durante la exposición didáctica, la responsabilidad principal recae sobre el docente, siendo tradicionalmente el alumnado un sujeto pasivo. Se trata de un método de enseñanza que contará con las siguientes **fases:**

Motivación
- En esta fase se debe motivar al alumnado y crearle expectativa e interés ante la exposición.

Información inicial
- En esta fase se realizará la introducción sobre el tema a trabajar.

Consolidación e integración
- En esta fase se consolidará la información, relacionándose la nueva información con los contenidos anteriores y con los contenidos que se tratarán en siguientes sesiones.

Síntesis
- Se realizará una síntesis de los contenidos trabajados para que esta información pueda ser retenida con mayor facilidad por el alumnado.

Evaluación
- En esta fase el docente tratará de evaluar la adquisición de la información por parte de los alumnos, así como posibles carencias o déficits tanto en los contenidos como en la fase de exposición.

El proceso de comunicación en la exposición didáctica

Para que la comunicación en la exposición de los conocimientos se produzca de forma adecuada habrá que tener en cuenta que en las exposiciones no solo interviene la **comunicación verbal,** sino también la **no verbal** y la **paraverbal;** de la adecuada conjunción de todas ellas dependerá el éxito en la comunicación del mensaje didáctico.

A continuación se realiza un resumen de todos los **requisitos y características a tener en cuenta respecto a las explicaciones didácticas.**

En la **comunicación verbal** habrá que tener en cuenta los siguientes factores:

- Uso correcto de la **gramática.**
- Uso de un **vocabulario** amplio, específico y adecuado.

- Uso de **ejemplos** para apoyar los contenidos.
- **Concreción** de ideas.
- Adecuación del **tono de voz** a las circunstancias (solo comunicación oral).
- Mantener un **proceso de *feedback*** (solo comunicación oral).

En la **comunicación no verbal** habrá que tener en cuenta los siguientes factores:

- **Mirada:** no centrar la mirada en una sola persona, no perder la concentración ni mirar al infinito, no ha de ser inquisitiva.
- **Sonrisa:** se recomienda esbozar una leve sonrisa y el uso del humor en momentos puntuales.
- **Manos:** deberán mantener movimientos rítmicos y pausados.
- **Brazos:** se recomienda mantener los brazos despegados del torso y doblados.
- La **postura corporal** adecuada a la exposición será de pie apoyándose sobre los dos pies y con la cabeza levantada, es recomendable la alternancia entre permanecer en un lugar fijo y desplazarse por el aula.
- En el **aspecto físico** se deberá transmitir una imagen positiva al alumnado.

Por último, en la **comunicación paraverbal** se tendrán en cuenta los siguientes factores:

- El **volumen** será adecuado y enfocado al alumnado, se deberán tener en cuenta las características del contexto donde se produzca la exposición.
- La **entonación** deberá aportar sentido al mensaje, poniendo énfasis en aquellos mensajes o ideas más importantes, asimismo, se deberán introducir cambios en el ritmo para favorecer la atención.
- La **pronunciación** deberá ser clara y nítida.
- La **velocidad** del lenguaje será adecuada para favorecer el apoyo o refuerzo de los contenidos que se estén explicando.

VÍDEO

Observa el siguiente vídeo, en el que se muestra cómo se desarrolla la exposición didáctica en el aula:

Continúa en página siguiente >>

<< Viene de página anterior

https://redirectoronline.com/uf16450304

La exposición didáctica en modalidad virtual

HILO CONDUCTOR

La exposición de Roberto ha salido a la perfección, y el alumnado ha participado muy activamente en la misma, pero ahora le toca desarrollar su labor, junto con Julia, en la parte *online,* donde siente que no está siendo capaz de transmitir el mismo interés y motivar al alumnado igual que lo ha hecho de forma presencial...

La exposición didáctica **no es exclusiva de la formación presencial,** las características o requisitos que han de cumplir los docentes en las exposiciones didácticas podrán ser trasladados a la modalidad virtual.

Dependiendo del medio o herramienta que se use en dicha exposición se hará más hincapié en unos tipos de comunicación u otros.

EJEMPLO

Será diferente la actitud del docente si la exposición se realiza mediante videoconferencia o si se realiza por escrito, utilizando hipertexto.

En el caso de la **comunicación escrita,** para transmitir los aspectos no verbales o paraverbales se utilizarán los recursos disponibles para este tipo de comunicación, como los símbolos gramaticales, emoticonos, etc.

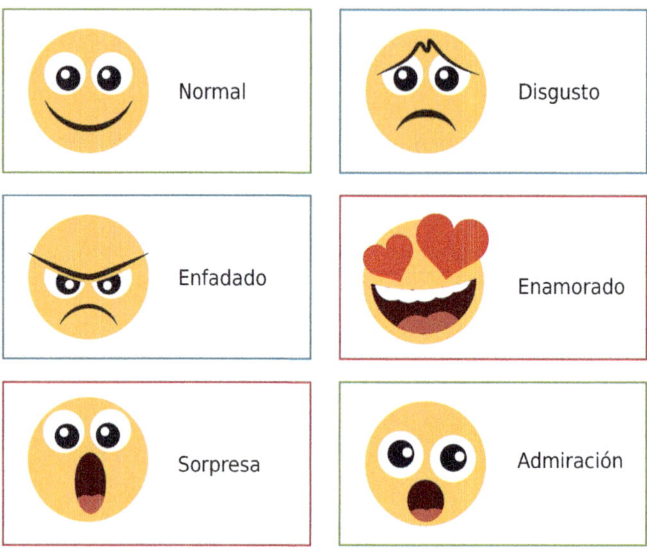

Mediante la comunicación escrita también se pueden expresar las emociones que se transmiten en el proceso de comunicación oral.

También hay aspectos a evitar, al igual que en la comunicación presencial, como por ejemplo, el uso de mayúsculas para todo el texto, eso significa que estás gritando.

ACTIVIDAD COMPLEMENTARIA

21. Imagina que estás impartiendo una acción formativa sobre el "Mecanizado de madera y derivados" en modalidad virtual.

    Tienes que transmitir al alumnado la información relativa a los defectos en la madera (nudos, alabeo, etc.). ¿De qué forma lo expondrías para que resulte interesante al alumnado? ¿Qué medios utilizarías para ello y qué aspectos tendrías en cuenta?

TAREA 23

Observa el vídeo sobre la exposición de contenidos en el aula:

https://redirectoronline.com/uf16450304

Analízalo detenidamente e identifica aquellas acciones que ha realizado el docente, ¿de qué forma han afectado al desarrollo de la sesión? ¿Qué aspectos de la comunicación mejorarías?

¿Se muestra coherencia entre la comunicación verbal y no verbal?

Realiza una grabación en la que expongas los contenidos, cuidando la coherencia entre la comunicación verbal y no verbal, favoreciendo la retroalimentación y utilizando focalizaciones, interacciones y pausas, para evitar las distracciones o el aburrimiento, de forma que mejores la actuación observada en el vídeo.

9.4. Utilización de materiales, medios y recursos

HILO CONDUCTOR

En el grupo de docentes, Roberto ha descubierto gran cantidad de recursos novedosos, que ha comenzado a utilizar.

Con todos esos recursos y los medios disponibles en la actualidad, las posibilidades que tiene son muy amplias, y el alumnado está encantado con la utilización de los recursos que les propone, ¡la novedad estimula su creatividad!

Los **medios o recursos didácticos o pedagógicos** se podrán definir como cualquier material que en un contexto educativo determinado sea utilizado con una finalidad didáctica o para facilitar el desarrollo de acciones formativas.

En cuanto a los mismos, se podrá establecer la siguiente **clasificación:**

Materiales convencionales	Materiales audiovisuales	Tecnologías de la información y comunicación (TIC)

- Impresos: textos, fotocopias, libros, periódicos, etc. - Pizarras, en cualesquiera de sus formas tradicionales. - Materiales para la manipulación como cartulinas, recortables, etc. - Juegos, como pueden ser los juegos de mesa. - Materiales de laboratorio: microscopios, recipientes, tubos de ensayo.	- Materiales de audio: programas de radio. - Imágenes fijas proyectables: fotografías, diapositivas. - Materiales audiovisuales como vídeos, películas.	- Programas didácticos, *online,* como por ejemplo, videojuegos o simuladores, presentaciones multimedia, animaciones, etc. - Servicios telemáticos: plataformas educativas, páginas web, videoconferencias, etc.

Elección de materiales, medios y recursos

Para la elección de los medios o recursos didácticos se deberán tener en consideración una serie de factores:

- **Objetivos:** en función de estos objetivos educativos que se pretenden lograr se propondrán una serie de medios para su logro.
- **Contenido:** los contenidos determinarán el uso de unos medios u otros, en función de aquellos contenidos que vayan a trabajarse en cada una de las sesiones.

- **Destinatarios:** se tendrán en consideración de forma muy especial las características del alumnado que va a trabajar con ellos, atendiendo siempre a las posibilidades de uso de los mismos, las capacidades y los estilos de aprendizaje.
- **Contexto:** deben considerarse las características y el contexto en el que se desarrolle la acción formativa, así como las posibilidades económicas con las que se cuenta.
- **Estrategias:** las estrategias o técnicas didácticas posibilitarán el uso de determinados medios o recursos.

En cualquier caso, **la finalidad con la que se usan los recursos es siempre didáctica,** apoyando el uso de estrategias y técnicas para facilitar la adquisición de las competencias.

EJEMPLO

En un curso de mecanizado de madera en modalidad virtual se plantea en una de las unidades el manejo de la lijadora industrial.

Dada la dificultad para acceder a maquinaria a gran escala, para el desarrollo de este aspecto se puede presentar mediante la plataforma de formación:

- Una demostración del funcionamiento de la misma, para un ejemplo de caso concreto.
- Una actividad a través de una simulación interactiva, en la que el alumnado deba utilizarla virtualmente, bajo las condiciones que se establezcan y para conseguir los fines perseguidos.

ACTIVIDAD 15

Para la capacidad "Ejecutar las operaciones de ensamblaje y unión de tuberías siguiendo las instrucciones de instalación" en modalidad presencial, ¿qué estrategias, recursos, medios o materiales, de los mostrados a continuación, son los más adecuados como apoyo para su adquisición?

Continúa en página siguiente >>

<< Viene de página anterior

Selecciona la opción que consideres correcta.

a. Pondría ejemplos sobre cómo se hace el ensamblaje mediante diapositivas, fotografías, etc.
b. Realizaría demostraciones en el aula sobre la forma de realizar todos los pasos necesarios para ello, y posteriormente, se realizaría una práctica por parte del alumnado, en la que deberían realizar las acciones oportunas según las instrucciones dadas.
c. Repartiría, de forma impresa, el texto con la explicación de los pasos que hay que dar.
d. Utilizaría la pizarra para explicar los pasos que hay que seguir en el ensamblaje.
e. Repartiría, de forma impresa, el texto con la explicación de los pasos que hay que dar, así como las instrucciones para realizar una práctica en el aula por parte del alumnado.

TAREA 24

En un curso de "Dinamización de actividades de tiempo libre educativo infantil y juvenil" se contempla la capacidad "Elaborar actividades de tiempo libre educativo infantil y juvenil". Teniendo en cuenta que se imparte en modalidad virtual, ¿qué estrategias, recursos, medios o materiales utilizarías, y de qué forma, como apoyo para su adquisición?

10. La simulación docente: técnicas de microenseñanza

Las habilidades docentes podrán entrenarse para su mejora y para lograr una mayor efectividad en el proceso de enseñanza-aprendizaje. En este sentido, los profesores de la Universidad de Stanford Allen y Ryan, desarrollaron en 1968 el concepto de **microenseñanza.**

El **propósito** de la microenseñanza es simplificar la complejidad del proceso normal de enseñanza-aprendizaje para que los profesores, docentes o formadores puedan ser entrenados en cada uno de los aspectos o variables que la conforman.

Los **elementos** o preceptos fundamentales en los que se basa la microenseñanza son:

Situación de enseñanza
- La microenseñanza es realmente una situación de enseñanza-aprendizaje, aunque se haya creado la situación de forma artificial, tanto docentes como alumnado deben implicarse en que la verdadera enseñanza ocurra.

Simplificación
- La microenseñanza simplifica las condiciones del proceso de enseñanza- aprendizaje reduciendo el número de alumnos, el tiempo de duración, el contenido, el aula, etc.

Objetivo específico
- Se concentra en el entrenamiento de habilidades específicas del docente.

Control de variables
- La microenseñanza se da en una situación controlada y con métodos de retroalimentación, contenidos y, en general, todos los factores educativos controlados.

Retroalimentación o *feedback*
- Permite una retroalimentación o *feedback* directo e inmediato, el docente puede conocer al momento su actitud y obtener las evaluaciones de compañeros y coordinador.

VÍDEO

Observa los siguientes vídeos en los que se muestran dos casos en los que tiene lugar una sesión formativa:

https://redirectoronline.com/uf16450305

https://redirectoronline.com/uf16450306

ACTIVIDAD COMPLEMENTARIA

22. Tras observar el desarrollo de las sesiones formativas que se muestran en los vídeos anteriores, analiza las buenas y malas prácticas que has observado en ellos.

10.1. Realización y valoración de simulaciones

El procedimiento de microenseñanza se basará en las **simulaciones docentes** que se estudiarán y analizarán para llegar a un punto óptimo para el desarrollo de una práctica normal.

Mediante la microenseñanza podrían entrenarse: sensibilización como técnica introductoria, variación de estímulos, integración de conocimientos, comunicación verbal, no verbal y paraverbal, refuerzo de la motivación y participación y secuencialidad y control de la comprensión.

Para llevarlo a cabo se siguen estos **pasos:**

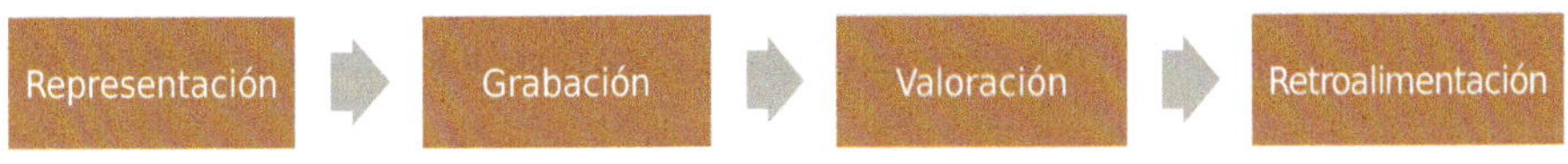

A continuación, se explican cada uno de ellos:

- **Representación:** en este procedimiento el grupo clase queda reducido a la participación voluntaria de 4 a 6 alumnos. La sesión se reduce a 10-15 minutos y los diferentes trabajos o aspectos de la enseñanza se pueden trabajar de forma individual:
  - **Práctica o dominio de una capacidad específica:** exposición de temas, mediación en debates o discusiones, o el uso de una estrategia o técnica metodológica en concreto.
  - **Dominio de estrategias específicas:** flexibilidad en las programaciones didácticas, uso de medios y recursos didácticos, instrucción y manejo de la clase o grupo, etc.
- **Grabación:** la simulación será grabada y posteriormente podrá analizarse.
- **Valoración:** el docente o formador podrá ver o escuchar la grabación realizada para hacer una valoración de la misma. Se pasará también un cuestionario de evaluación al alumnado voluntario que ha desarrollado la sesión para evaluar la acción docente.
- **Retroalimentación:** mediante las valoraciones realizadas, el docente o formador podrá obtener una retroalimentación o *feedback* del proceso de enseñanza-aprendizaje, obteniéndose los puntos fuertes y débiles de cada uno de los elementos estudiados. De esta práctica surgirán también sugerencias de mejora.

Esta práctica puede repetirse en varias ocasiones, aumentando el nivel de complejidad para lograr la mejora de las acciones docentes.

TAREA 25

De forma presencial, realiza una simulación docente, donde se reproduzcan las condiciones de una clase o sesión formativa. Pero antes debes prepararte, para ello desarrolla una planificación temporalizada de la sesión formativa (15-20 minutos) integrando contenidos, objetivos, actividades y el uso de diversos recursos y materiales didácticos.

11. Utilización del aula virtual

HILO CONDUCTOR

Roberto no tiene mucha experiencia como docente en el aula virtual, pero con su empeño, su capacidad para las tecnologías y la ayuda de Julia, le está resultando un trabajo muy enriquecedor.

La cantidad de recursos y posibilidades de las que dispone hacen que los resultados sean muy satisfactorios, y todo el esfuerzo merezca la pena.

En todas las modalidades educativas se pondrán en juego los mismos factores: docentes, alumnado, contenidos, sistema de evaluación, etc. No obstante, la diferencia estará marcada por la forma de gestión de los mismos.

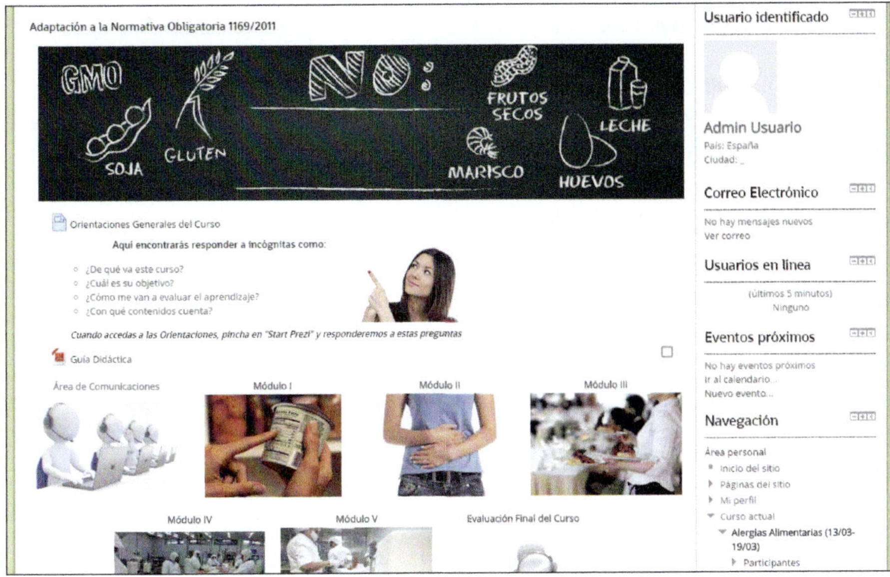

Ejemplo de aula virtual

Las **aulas virtuales** son creadas con medios tecnológicos e informáticos y aglutinan diferentes tecnologías de la comunicación e información para proporcionar los contenidos y actividades al alumnado, ofreciendo también a través de estas tecnologías nuevas formas y posibilidades de comunicación a los integrantes de los procesos de enseñanza-aprendizaje.

En resumen, se podría decir que un aula virtual es un **punto de encuentro que pone en relación a todos los participantes en los procesos de enseñanza-aprendizaje** (alumnado, profesorado, expertos, administradores), permitiendo la transmisión de la información y la realización de actividades, además de proporcionar la interacción mutua entre todos los integrantes sin limitaciones de espacio y tiempo.

NOTA

Las propuestas educativas *online* o *e-Learning* han supuesto una auténtica revolución, pues permiten flexibilizar todo el proceso de enseñanza-aprendizaje y adaptarlo a las necesidades concretas de cada persona.

11.1. Ventajas del aula virtual

Las aulas virtuales se constituyen en una poderosa herramienta para la formación, por consistir en un espacio que permite la comunicación y distribución de los saberes, además de orientar, atender y evaluar a los participantes con una disponibilidad de 24 horas al día, posibilitando la comunicación síncrona, asíncrona y deslocalizada.

Algunas de las **ventajas** del uso de estas aulas frente a la enseñanza tradicional serán las siguientes:

Deslocalización geográfica
- No requiere un espacio físico, por lo que evita los desplazamientos, ampliando el alcance de las acciones formativas a personas con dificultades para los desplazamientos o más alejadas de los lugares donde se realiza la acción formativa.

Acceso
- Permite el acceso con total libertad de horarios.

Distribución de información
- Distribuye la información de forma rápida y precisa a todos los participantes, facilitando la individualización de la educación.

Costes
- Sus costes son más reducidos.

Variedad de usos
- Se puede usar de forma exclusiva, o complementando a los medios y formas educativas tradicionales.

No obstante, no todo son ventajas para estas modalidades educativas, también tienen una serie de inconvenientes:

- Alta tasa de abandono
- Exige un nivel de conocimiento tecnológico mínimo
- Ausencia del contacto personal con docentes y resto del alumnado

VÍDEO

Moodle es la plataforma de aprendizaje por excelencia: es de licencia abierta (Licencia Pública General GNU), por lo que es gratuito y el sistema de gestión de aprendizaje más usado por instituciones educativas de todo el mundo. Permite a instituciones y docentes crear y gestionar cursos online de una forma fácil e intuitiva. En este vídeo podemos conocer las características de *Moodle* y las funcionalidades de su plataforma.

https://redirectoronline.com/uf16450307

ACTIVIDAD COMPLEMENTARIA

23. Reflexiona sobre el uso de las aulas virtuales para la formación: ¿crees que ha mejorado el sistema de enseñanza-aprendizaje? ¿Qué limitaciones consideras las más importantes? ¿Cuáles son para ti sus principales ventajas?

11.2. Modelos de docencia en el aula virtual

Si bien las aulas virtuales son unas herramientas poderosas en la formación *e-Learning*, también se usan en multitud de ocasiones en formación presencial, por lo que existen tres modelos diferentes:

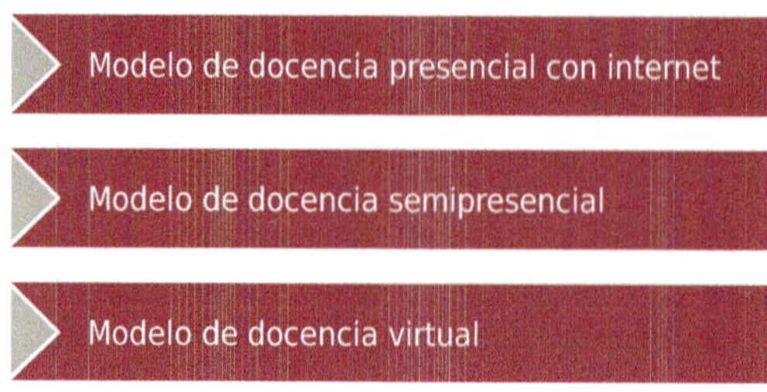

A continuación se explican cada uno de ellos.

Modelo de docencia presencial con internet

El aula virtual como **complemento o recurso de apoyo.**

El aula virtual se plantea como un anexo o apéndice a las actividades educativas o proceso de enseñanza-aprendizaje, que es llevado a cabo de forma presencial. Este tipo de aula virtual no modifica los espacios ni las actividades que se llevan a cabo en el proceso de enseñanza, ni tampoco la forma de comunicación de los mismos. El aula virtual es entendida como un recurso más que el profesor tiene a su alcance.

Modelo de docencia semipresencial

El aula virtual como **espacio combinado con el aula física o *blending learning*.**

En esta modalidad el aula virtual no es solo un recurso de apoyo a la enseñanza presencial, sino que en ella también se desarrollan o generan acciones formativas para que el alumnado aprenda. Este modelo sí que genera innovaciones en las formas o procedimientos de trabajo tradicionales, donde la autorización, comunicación e interacción entre los sujetos se ve modificada. Por lo que este modelo va a requerir de una planificación y desarrollo de los procesos educativos en los que las tareas y actividades del aula física y el aula virtual se complementen. Asimismo, también se favorecerá el trabajo autónomo del alumnado.

Modelo de docencia virtual

El aula virtual como único espacio educativo, ***e-Learning*.**

Este modelo representa la forma clásica o tradicional de educación a distancia, pero desarrollado íntegramente mediante las tecnologías de la información y comunicación. El proceso de enseñanza-aprendizaje se desarrolla íntegramente mediante espacios virtuales, no existiendo contacto físico directo entre docentes o formadores y alumnado.

En esta modalidad, el desarrollo de los contenidos multimedia cobra una especial relevancia, ya que el proceso de aprendizaje estará en gran medida marcado por los mismos. Asimismo, la interacción se convertirá en un factor muy importante para el desarrollo de las acciones formativas.

El uso del aula virtual permite acceder a multitud de recursos multimedia directamente desde la misma y de forma inmediata, así como a diferentes fuentes de información que son de gran utilidad para el aprendizaje del alumnado.

Los recursos multimedia consisten en el uso de diferentes tipos de medios para transmitir, administrar o presentar la información, como pueden ser gráficos, audio, vídeo, etc.

11.3. Elementos del aula virtual

Las aulas virtuales se crean en las **plataformas de aprendizaje;** estos entornos consisten en *software* especializados y diseñados para facilitar la gestión y uso de docentes, alumnado y, en general, de todos los integrantes de los procesos formativos.

Las plataformas virtuales están especializadas y **diseñadas para facilitar su uso por parte de todos los integrantes** de los procesos formativos.

Aunque en el mercado se podrán encontrar multitud de plataformas, tanto de uso público como privado, salvando la ordenación de los contenidos y algunas peculiaridades, la mayoría de las plataformas contienen **elementos** similares.

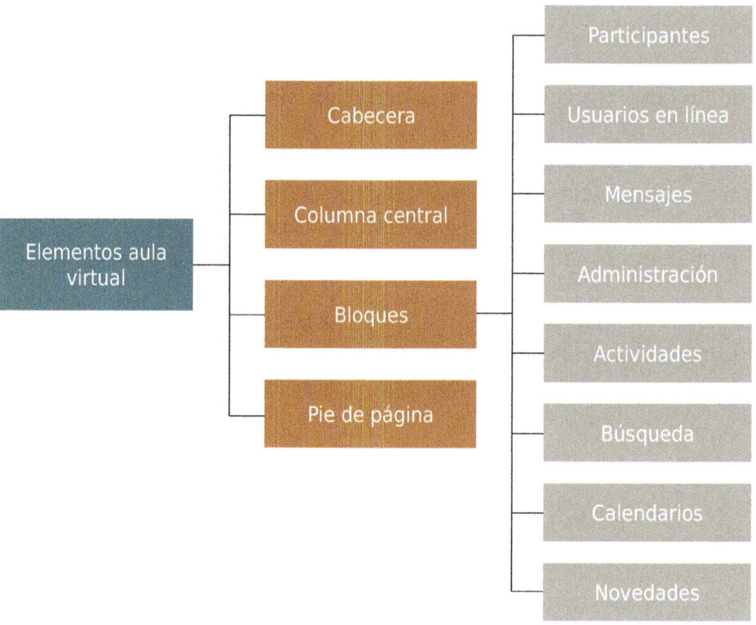

Aunque cada plataforma tenga sus peculiaridades y se puedan personalizar, los elementos que se han mencionado anteriormente suelen estar presentes en la mayoría de ellas. En la siguiente imagen podrás observar, a modo de ejemplo, cómo se integran estos elementos en la plataforma virtual.

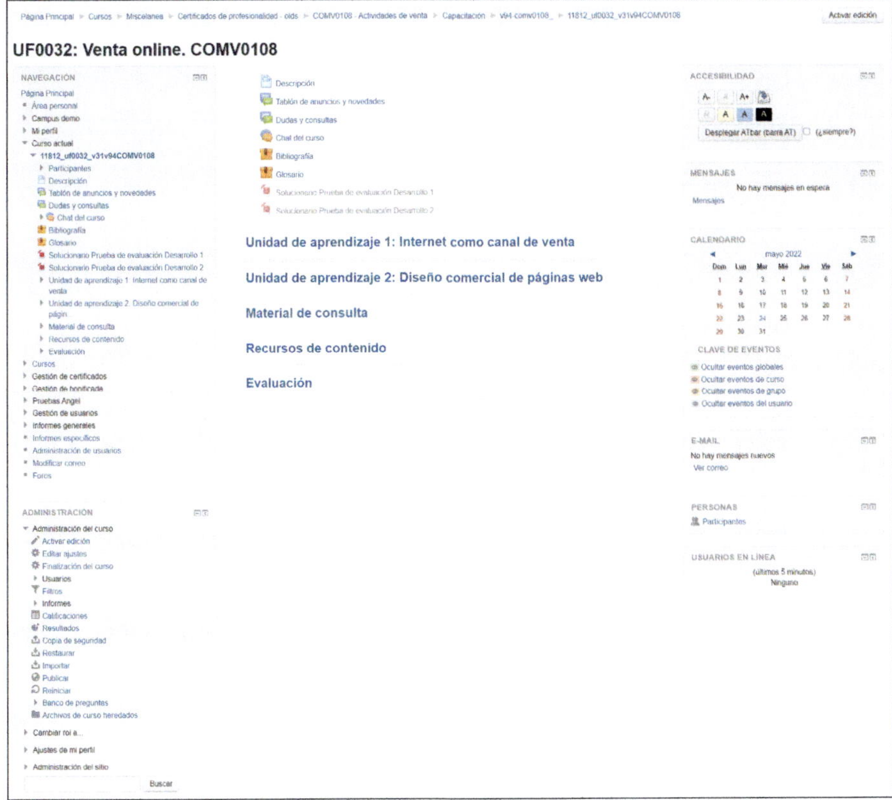

Cabecera

La cabecera se haya situada en la parte principal de la ventana y se compone de **nombre del curso o acción formativa, identificación del usuario y botón de salir.**

Más abajo se encontrará la **barra de navegación,** que contiene en forma de texto los enlaces o acceso a los diferentes lugares del curso.

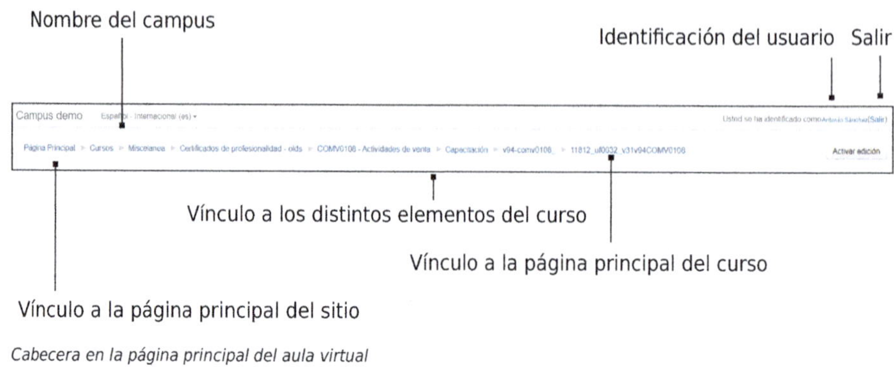

Cabecera en la página principal del aula virtual

Columna central

Este bloque contiene los apartados o **temas de los que se compone la acción formativa.**

Además, contendrá los **recursos y actividades** que conforman cada acción formativa.

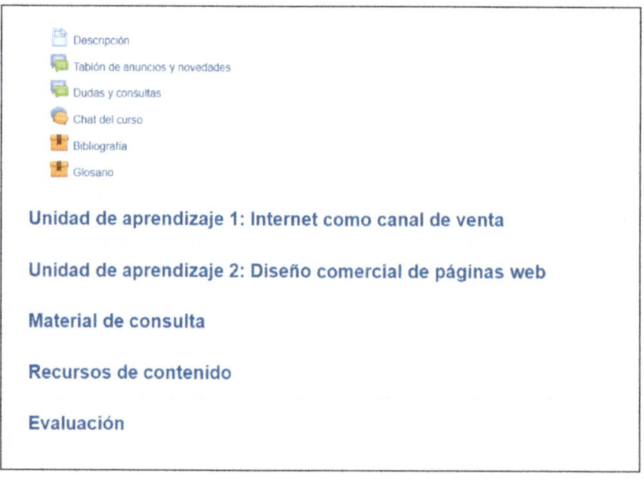

Columna central en la página principal del aula virtual

Pie de página

El pie de página se encuentra situado en la parte inferior de la pantalla.

En él se suele mostrar la información global relativa a la acción formativa, así como la información de la entidad que organiza dicha acción y los datos de contacto con el centro.

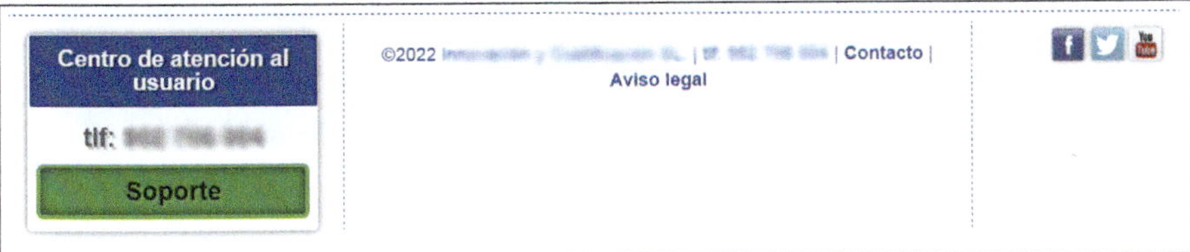

Pie de página en la página principal del aula virtual

Bloques

Son las áreas que se encuentran situadas a la izquierda y derecha de la columna central, sus contenidos y funciones pueden ser configurados por el profesor/tutor. Pueden mostrar temporalizaciones, actividades, etc.

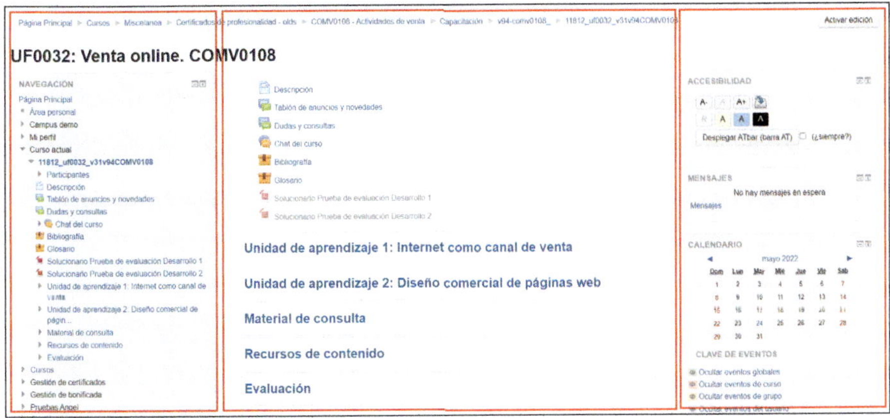

Bloques en la página principal del aula virtual

Dentro las numerosas herramientas que se pueden configurar en estos bloques, destacan:

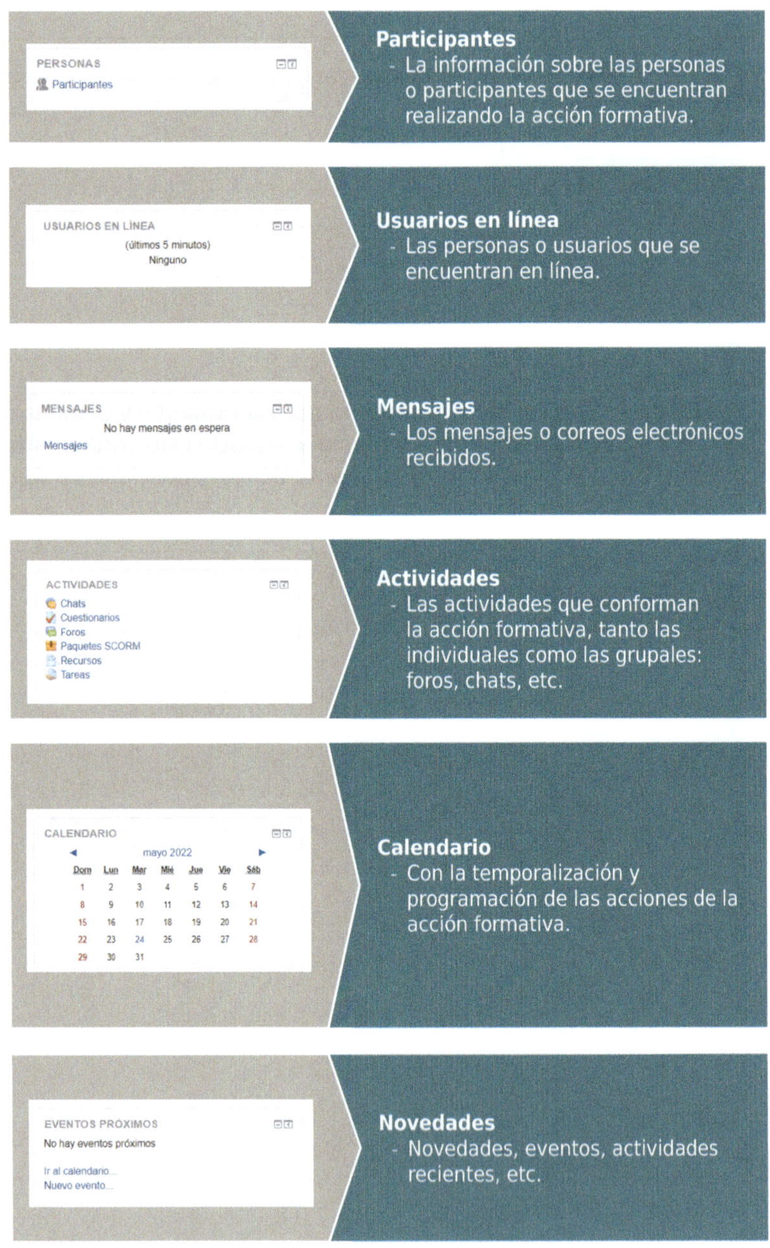

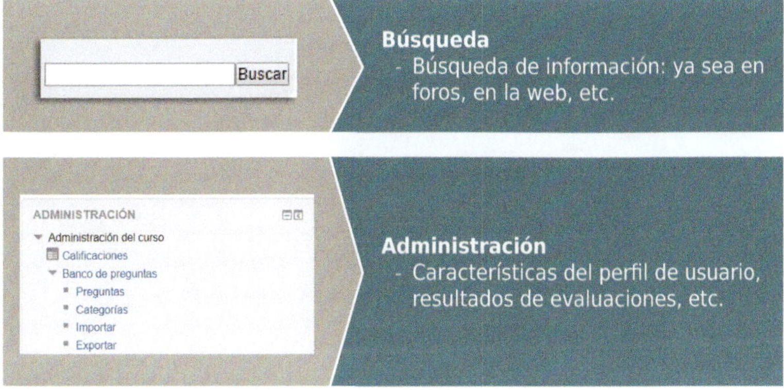

11.4. Tutores/Formadores en el aula virtual

Para la teleformación o formación en entornos virtuales de aprendizaje se establecerá una serie de responsabilidades administrativas del tutor de la formación *online*.

Estas responsabilidades administrativas estarán centradas en la realización de actos o acciones conformes a la organización de acciones formativas, para garantizar el pleno éxito de dicha acción.

Las **tareas administrativas de los tutores o formadores** serán principalmente de tres tipos:

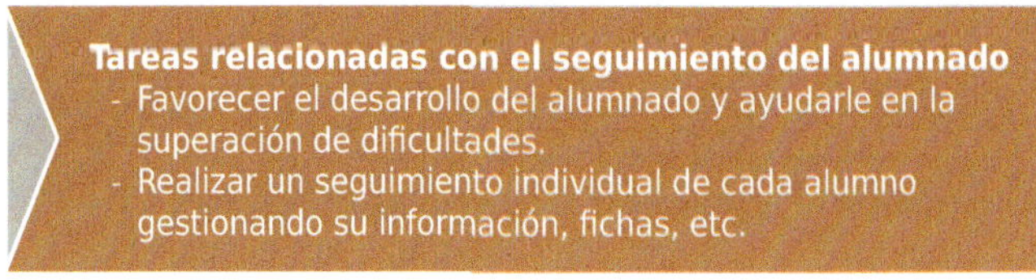

Continúa en página siguiente >>

<< Viene de página anterior

Tareas relacionadas con el fomento de las relaciones interpersonales
- Favorecer la motivación del alumnado hacia el logro de los objetivos propuestos.
- Fomentar la participación, interacción y comunicación de los alumnos en los diferentes medios al alcance.
- Establecer actividades colaborativas y hacer de mediador en dichas actividades.
- Resolver las posibles dudas.

Tareas relacionadas con la planificación
- La planificación y organización de la acción formativa.
- Facilitar al alumnado la información necesaria y realizar un seguimiento del aprendizaje de los mismos.
- Prever las posibles dificultades en el aprendizaje que puedan plantearse.
- Favorecer la interacción del alumnado entre sí, con el docente, y en el uso de los diferentes medios y herramientas, tanto síncronos como asíncronos.

TAREA 26

Investiga sobre las opciones y elementos de los que dispone el tutor en el aula virtual, especialmente para la realización de las tareas administrativas.

11.5. El seguimiento del alumnado en el aula

Para el desarrollo de las sesiones formativas, el alumnado debe tener claro cuáles son los objetivos a alcanzar y los métodos utilizados para ello, especialmente en la formación virtual, en la que el alumnado tiene una gran capacidad de organización y de gestión del tiempo, asumiendo la autonomía del aprendizaje.

Pero el docente debe comprobar que durante el desarrollo de las sesiones formativas el alumnado va alcanzando esos **objetivos de aprendizaje,** para corregir las posibles desviaciones en caso necesario.

Para ello, el personal docente planteará tareas y actividades, sobre las que realizará un seguimiento continuo. Dependiendo del tipo de tarea a realizar, la forma de realizar el **seguimiento** también variará:

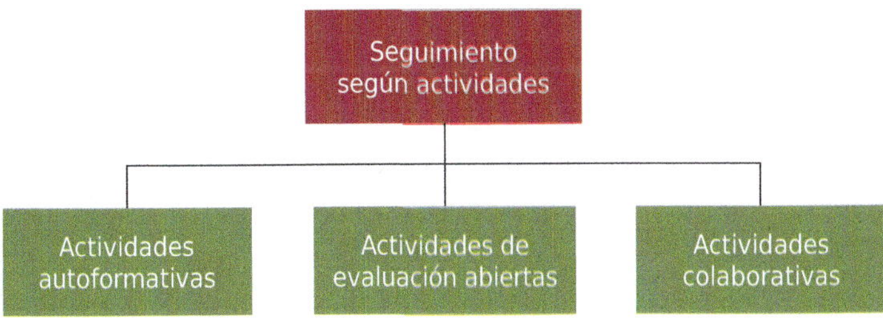

Actividades autoformativas

Este tipo de actividades **no necesitan corrección por parte del docente,** ya que el alumnado debe realizar alguna acción concreta o seleccionar determinadas opciones, tras lo cual, la **calificación es automática.**

Para hacer el seguimiento de dichas actividades, el docente consultará el ***calificador*** de la plataforma:

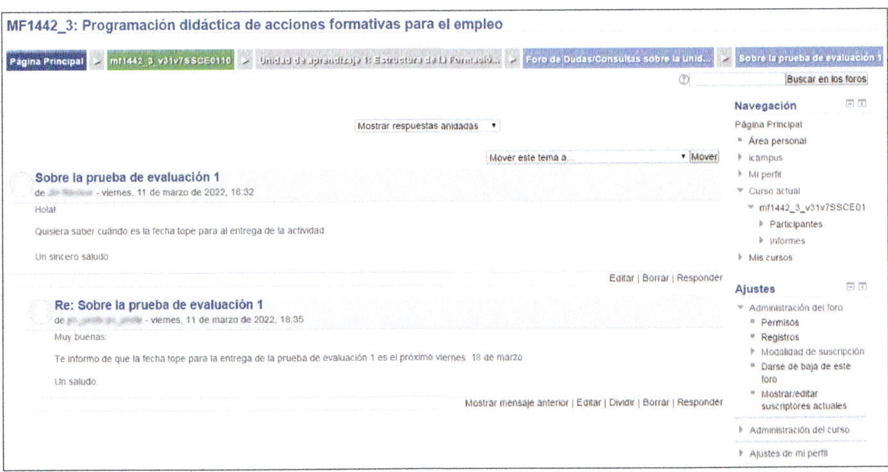

Intervención en el foro

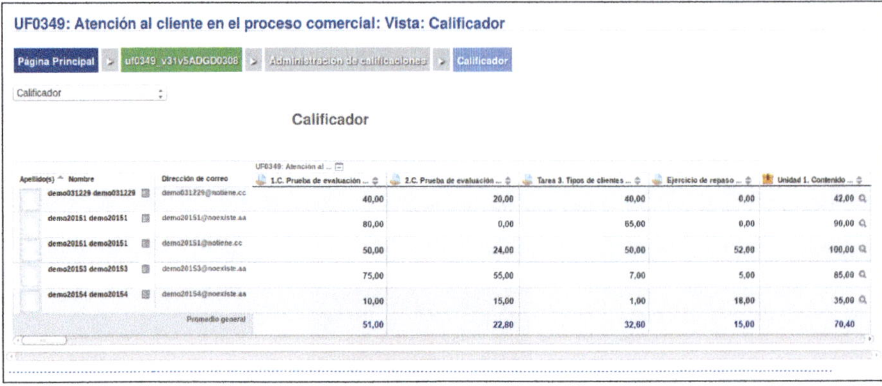

Apellido(s) Nombre	Dirección de correo	1.C. Prueba de evaluación ...	2.C. Prueba de evaluación ...	Tarea 3. Tipos de clientes ...	Ejercicio de repaso ...	Unidad 1. Contenido ...
demo031229 demo031229	demo031229@notiene.cc	40,00	20,00	40,00	0,00	42,00
demo20151 demo20151	demo20151@noexiste.aa	80,00	0,00	65,00	0,00	90,00
demo20151 demo20151	demo20151@notiene.cc	50,00	24,00	50,00	52,00	100,00
demo20153 demo20153	demo20153@noexiste.aa	75,00	55,00	7,00	5,00	85,00
demo20154 demo20154	demo20154@noexiste.aa	10,00	15,00	1,00	18,00	35,00
	Promedio general	51,00	22,80	32,60	15,00	70,40

Calificaciones

Actividades de evaluación abiertas

Este tipo de actividades **necesitan corrección por parte del docente, que debe valorarlas y calificarlas manualmente.**

En este caso, en la plataforma se puede configurar la opción para que cuando un alumno o alumna entregue la actividad se le envíe un aviso al docente mediante correo electrónico, tras lo cual el docente podrá ver la actividad enviada y corregirla, accediendo a la misma:

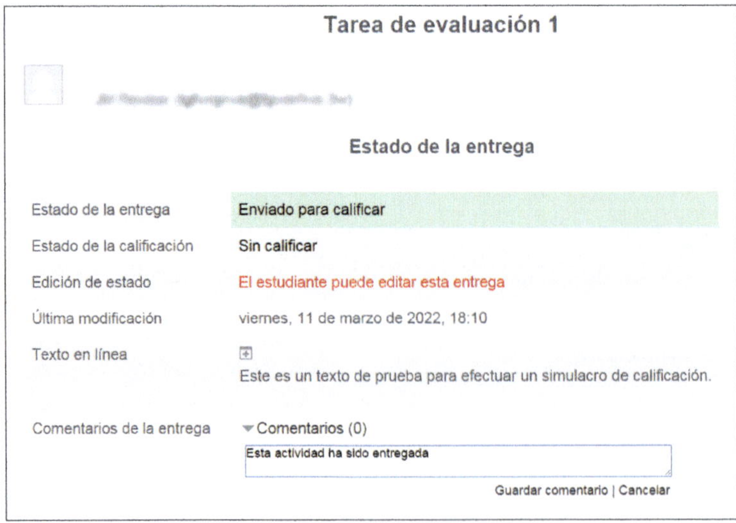

Corrección de una actividad

Pero más importante que asignar una nota, es la retroalimentación que el docente da al alumnado mediante los **comentarios a la actividad,** mediante la cual proporcionará alternativas o sugerencias y corregirá errores.

Tras realizar las correcciones de **las actividades, las calificaciones y comentarios realizados a las mismas aparecerán reflejados en el calificador.**

Actividades colaborativas

Este tipo de actividades son aquellas que **se desarrollan de forma grupal,** utilizando para ello las herramientas de comunicación del curso, ya sean chats, foros, etc.

Normalmente no se suelen calificar dentro de la plataforma, ya que **su finalidad principal es el fomento de la interacción y motivación y la construcción conjunta del conocimiento,** desarrollando las capacidades y habilidades necesarias para la cooperación y trabajo grupal, así como otras capacidades para el desarrollo personal (reflexión, análisis crítico, etc.).

Pero aunque no sea habitual, sí pueden clasificarse, ya que los mismos foros permiten su configuración con esa opción.

En cualquier caso, lo importante no es la calificación, sino conseguir que el alumnado participe e interactúe, y se sienta motivado con la acción formativa. Para ello, se reforzarán las aportaciones que realice mediante su intervención, dando **retroalimentación siempre positiva.**

Se puede elogiar al alumnado por su intervención, haciendo comentarios sobre la misma y reconociendo la importancia del aporte realizado, o prolongar esa intervención, mediante la realización de preguntas al respecto de la misma, de forma que continúe la reflexión sobre la cuestión concreta.

Además, estas preguntas servirán al docente para ir **reorientando el debate** en caso de que se esté alejando de los objetivos propuestos.

TAREA 27

Explica cómo realizarías el seguimiento de los alumnos en el aula virtual, analizando las clasificaciones, especialmente de los alumnos que no han superado las actividades, no alcanzando así los objetivos propuestos. ¿Qué actuaciones llevarías a cabo para corregir esas desviaciones en los resultados?

TAREA 28

En un curso sobre "Tratamiento de imágenes con Gimp" se ha estudiado la aplicación de filtros para conseguir determinados efectos y tienes que comprobar si se han alcanzado los objetivos de aprendizaje, utilizando para ello las técnicas de retroalimentación adecuadas. ¿Qué actuaciones concretas llevarías a cabo en este caso?

TAREA 29

En un curso sobre "Tratamiento de imágenes con Gimp", a cada uno de los participantes se le ha asignado una imagen a la que debe aplicar una serie de filtros, y compartirla con sus compañeros a través del foro de la unidad.

Te encuentras con el caso de un alumno que no envía la imagen de forma correcta, los filtros que ha aplicado no son los adecuados. ¿Cómo reforzarías el trabajo y aportaciones de este alumno para no desmotivarlo, al tiempo que corriges los errores que ha cometido?

12. Resumen

Para que el proceso de formativo se desarrolle de forma correcta es necesario que se fundamente sobre unas bases teóricas sólidas y una serie de actuaciones bien planificadas, por lo que debe haberse seleccionado adecuadamente la metodología a utilizar, así como las estrategias y técnicas didácticas.

Los **métodos** determinan los procedimientos didácticos para la consecución o logro de los objetivos propuestos, los pasos a llevar a cabo de forma ordenada, y en ellos deben fundamentarse las **estrategias,** que son una serie de actuaciones concretas, planificadas, que servirán como guía para la acción docente durante el desarrollo de las sesiones formativas.

Las **técnicas** son recursos muy concretos que el docente usa para llevar a la práctica los propósitos planteados desde la estrategia. Y dentro de las técnicas pueden existir diferentes **actividades** mediante las que se desarrollen.

La clasificación de los métodos, estrategias y técnicas es muy extensa:

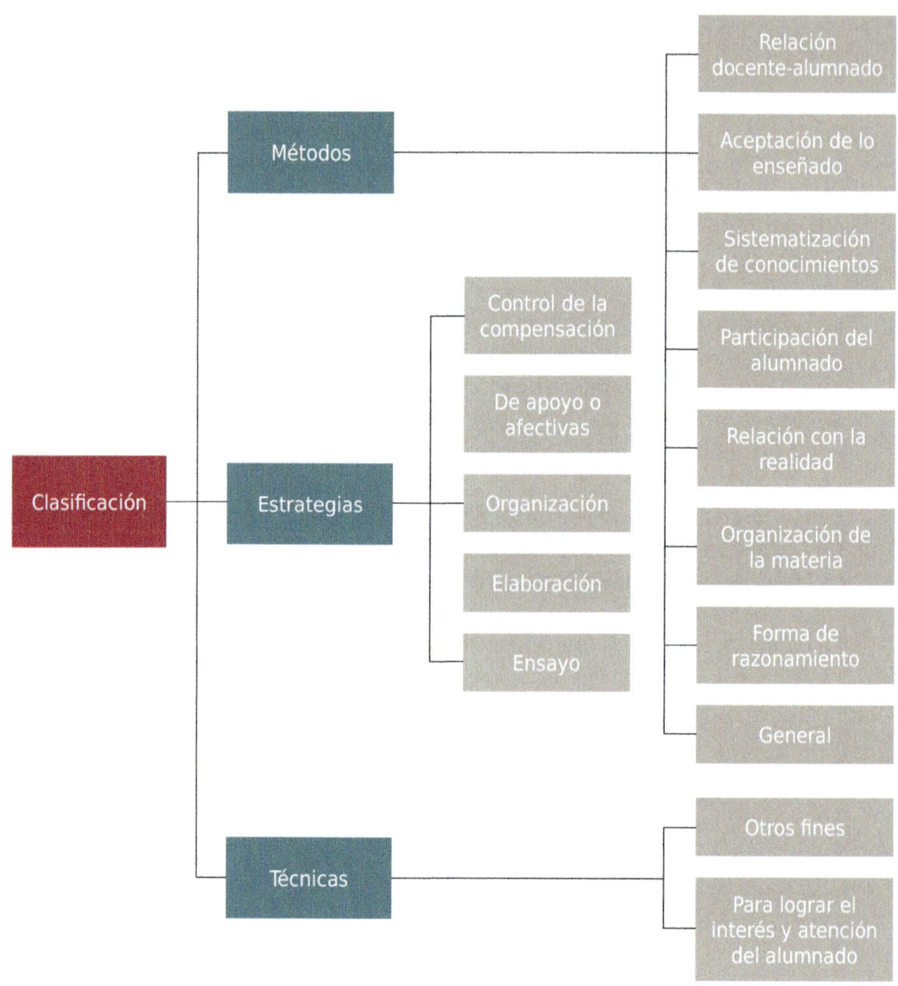

Para la elección de los mismos son muchos los factores que hay que tener en cuenta, como la modalidad formativa, las características del alumnado, contenidos, recursos, etc., y una vez hecha la elección adecuada, todo ello quedará reflejado en la **Programación didáctica.**

Mediante la misma, deberán planificarse las **unidades didácticas** y cada una de las **sesiones formativas** que se impartirán.

En la planificación de dichas sesiones, deben incluirse, dependiendo de la modalidad formativa, los siguientes **elementos,** quedando estos explicados en la **guía didáctica.**

Sesiones presenciales	Sesiones *online*
- Descripción de la unidad didáctica. - Objetivos didácticos. - Contenidos. - Actividades de enseñanza/aprendizaje. - Recursos y materiales. - Temporalización y organización. - Evaluación. - Bibliografía y anexos.	- Presentación. - Objetivos. - Contenidos. - Recursos y materiales. - Metodología. - Organización de las tutorías. - Temporalización. - Evaluación. - Orientaciones para el estudio. - Requisitos técnicos.

Una vez planificado el desarrollo de la acción formativa, es necesario que el docente aplique las **habilidades docentes** necesarias para desarrollar la impartición de la acción formativa favoreciendo el proceso de enseñanza-aprendizaje.

De forma general, desempeñará los roles de responsable de la formación, instructor-enseñante-profesor y profesional multifuncional; y sus funciones estarán ligadas a la planificación, el desarrollo de la formación, la evaluación, la gestión-coordinación y la investigación-innovación.

Estas habilidades pueden ser entrenadas, y para ello, el docente puede llevar a cabo **simulaciones** mediante **técnicas de microenseñanza.**

En cuanto a la formación *e-Learning*, se establecerán principalmente una serie de responsabilidades administrativas del tutor. Para llevarlas a cabo cuenta con la utilización del **aula virtual**, que está compuesta por los siguientes elementos:

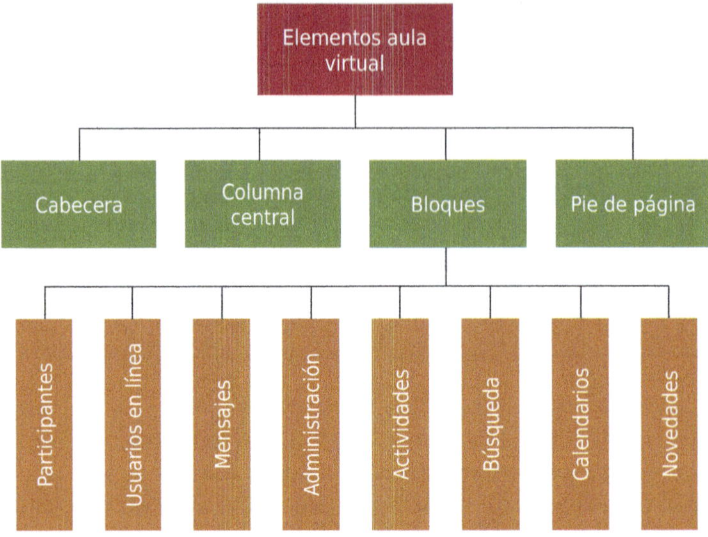

Dentro del aula virtual, son especialmente relevantes las tareas de **seguimiento del alumnado,** mediante las cuales se comprobará la consecución de los objetivos y se les proporcionará la **retroalimentación o *feedback*** adecuados para el correcto desarrollo de la acción formativa, o la reconducción de sus acciones hacia la consecución de los mismos en caso necesario.

Ejercicios de autoevaluación Unidad de Aprendizaje 3

1. ¿Cómo se definen los métodos de enseñanza?

____
____
____
____

2. Identifica cuáles son las características del alumnado que se deberán tener en consideración en la elección de un método educativo:

a. Si la acción se desarrollará de forma grupal o individual.
b. El tamaño del grupo y sus características.
c. La edad del alumnado.
d. Las necesidades formativas, las capacidades, conocimientos previos o habilidades del alumnado.
e. Todas las opciones son correctas.

3. En cuanto a su relación con la realidad, los métodos didácticos pueden ser:

a. Simbólicos o intuitivos.
b. Métodos basados en la psicología del alumno o en la lógica de la disciplina.
c. Inductivos o comparativos.
d. Activos o pasivos.

4. Relaciona las siguientes técnicas didácticas con su explicación:

a. Técnica expositiva.
b. Técnica cronológica.
c. Técnica del diálogo.

1. Consiste en presentar los hechos en el orden y secuencia exactos de su aparición en el tiempo. Esta técnica puede ser progresiva o regresiva, dependiendo de si se presentan los hechos desde el pasado hasta la época actual o al revés.

2. Se trata de la exposición verbal por parte del docente-formador de los contenidos, en esta técnica se deberá estimular la participación del alumnado, requiere de una gran motivación por parte del alumnado para atraer la atención de los mismos.
3. Se trata de orientar al alumnado en el proceso de reflexión sobre los contenidos, fomentar el pensamiento crítico y la motivación para la investigación.

5. Indica si las siguientes afirmaciones son verdaderas o falsas:

a. La técnica del debate se basa en una discusión abierta de carácter formal sin intervención por parte del docente.

- Verdadero
- Falso

b. En la técnica del estudio de casos, el docente presenta un caso que debe ser estudiado.

- Verdadero
- Falso

c. La técnica exegética requiere de la consulta de obras de autores relacionados con los contenidos objeto de estudio.

- Verdadero
- Falso

6. ¿Cuáles son los tres factores fundamentales en la relación de docentes y alumnado en relación a las habilidades docentes?

____

____

____

____

7. Indica cuáles son los comportamientos que Allen y Ryan propusieron en 1968 para el desarrollo de las habilidades docentes.

____

____

____

____

8. Completa la siguiente tabla sobre los estilos didácticos:

ESTILO TÉCNICO	ESTILO PRÁCTICO	
		- Son docentes muy reflexivos y entienden la formación como participativa y democrática. - Creen en la educación como un medio para el desarrollo humano y la liberación. - Suelen "quemarse" con facilidad.

9. Indica cuáles son los pasos para una exposición didáctica:

____

____

____

____

10. Completa la siguiente tabla:

Materiales convencionales	Materiales audiovisuales	
	- Materiales de audio: programas de radio, etc. - Imágenes fijas proyectables: fotografías, diapositivas. - Materiales audiovisuales como vídeos, películas, etc.	- Programas didácticos, *online*, como por ejemplo videojuegos, presentaciones multimedia, animaciones, simulaciones, - Servicios telemáticos: plataformas educativas, páginas web, videoconferencias, etc.

11. ¿Cuáles son las ventajas de las aulas virtuales frente a las aulas tradicionales?

____

____

____

____

12. Indica cuáles son los objetivos del diseño del proceso formativo en aulas virtuales:

a. Debe ser global.
b. Ha de ser un diseño fijo.
c. Solo se podrá utilizar en un contexto formativo.
d. Debe poder adaptarse a cada usuario.

13. Relacione las tareas administrativas de los docentes en las aulas virtuales:

a. Las tareas relacionadas con la planificación consistirán en...
b. Las tareas relacionadas con el fomento de las relaciones interpersonales consistirán en...
c. Las tareas relacionadas con el seguimiento del alumnado consistirán en...

1. ... realizar un seguimiento individual de cada alumno, gestionando su información, fichas, etc.
2. ... fomentar la participación, interacción y comunicación de los alumnos en los diferentes medios al alcance.

3. ... la planificación y organización de la acción formativa.
4. ... favorecer la motivación del alumnado hacia el logro de los objetivos propuestos.
5. ... facilitar al alumnado la información necesaria y realizar un seguimiento del aprendizaje de los mismos.
6. ... resolver las posibles dudas.
7. ... prever las posibles dificultades en el aprendizaje que puedan plantearse.
8. ... favorecer el desarrollo del alumnado y ayudarle en la superación de dificultades.
9. ... establecer actividades colaborativas y hacer de mediador en dichas actividades.
10. ... favorecer la interacción del alumnado entre sí, con el docente y en el uso de los diferentes medios y herramientas, tanto síncronos como asíncronos.

Glosario

Actividades

Acciones específicas mediante las que se concretan las diferentes técnicas didácticas.

Actividades autoformativas

Son aquellas que no necesitan corrección por parte del docente, ya que el alumnado debe realizar alguna acción concreta o seleccionar determinadas opciones, tras lo cual, la calificación es automática.

Actividades colaborativas

Son aquellas que se desarrollan de forma grupal, utilizando para ello las herramientas de comunicación del curso, ya sea chats, foros, etc.

Actividades de evaluación abiertas

Son aquellas que necesitan corrección por parte del docente, que debe valorarlas y calificarlas manualmente.

Análisis DAFO

Procedimiento que consiste en analizar los puntos fuertes y débiles del grupo de participantes de una acción formativa y el contexto, con el fin de identificar y priorizar las necesidades formativas existentes.

Andragogía

Disciplina que se ocupa del estudio de la educación y el aprendizaje en personas adultas.

Aprendizaje colaborativo

Sistema de interacciones cuidadosamente diseñado que organiza e induce la influencia recíproca entre los integrantes de un equipo con el fin de lograr el aprendizaje (Johnson y Johnson, 1998).

Aprendizaje grupal

Proceso, elaboración y construcción del conocimiento a partir de las experiencias, intereses y objetivos de los miembros del grupo.

Atención

Capacidad que se tiene para centrar la actividad psíquica o pensamiento sobre un determinado estímulo, en un momento concreto.

Aula virtual

Punto de encuentro que pone en relación a todos los participantes en los procesos de enseñanza-aprendizaje, permitiendo la transmisión de la información y la realización de actividades, además de proporcionar la interacción mutua entre todos los integrantes sin limitaciones de espacio y tiempo.

Barreras ambientales

Barreras que se originan en el contexto en el que se produce la comunicación, son impersonales y, por ejemplo, pueden ser debidas a ruidos, calor, incomodidad, etc.

Barreras interpersonales

En este tipo de barreras son las personas las que causan las interferencias en la comunicación y pueden ser debidas a errores en la percepción, suposiciones incorrectas, etc.

Barreras verbales

Este tipo de barreras se deben a la forma de hablar del emisor del mensaje, pudiendo consistir en una velocidad inadecuada del lenguaje o una mala entonación o dicción.

Canal

Medio a través del cual se envía el mensaje. Puede ser de muchos tipos y varía en función del modo de comunicación.

Certificado Profesional

El Grado C (Certificado Profesional) constituye una oferta formativa del Sistema de Formación Profesional asociada a un perfil profesional con significación en el mercado laboral.

Código

Conjunto de signos usados para la composición de un mensaje. Estos signos pueden ser verbales (escritos o no) y no verbales.

Competencia
Combinación de conocimientos, capacidades y actitudes adecuadas a un entorno.

Competencia clave
Aquellas competencias que toda persona precisa para su realización y desarrollo personales, así como la ciudadanía activa, la inclusión social y el empleo.

Comunicación asíncrona
Se produce cuando el emisor y el receptor del mensaje interaccionan en momentos temporales diferentes.

Comunicación didáctica
Tipo de comunicación dirigida a modificar los conocimientos, habilidades y actitudes del alumnado.

Comunicación no verbal
Es aquella que se produce mediante gestos o símbolos, es decir, se envía y recibe el mensaje sin palabras, sin estructura semántica.

Comunicación paraverbal
Este tipo de comunicación se encuentra muy relacionado con la comunicación verbal, en concreto la oral, se basa en aquellas características o rasgos de la voz que distinguen a las personas unas de otras.

Comunicación síncrona
Se produce cuando el emisor y el receptor del mensaje interaccionan en el mismo espacio temporal.

Comunicación verbal
Es aquella que se produce mediante el uso del verbo o la palabra. Se puede clasificar en dos tipos diferentes: oral y escrita.

Comunidades de aprendizaje
Comunidades, creadas en torno a un interés común, que promueven la interacción, el intercambio de conocimiento y el trabajo en grupo, adquiriendo un verdadero compromiso e interés por la materia o campo profesional.

Conflicto humano
Situación en la que dos o más individuos entran en confrontación, emprenden acciones antagónicas con el objetivo de dañar, neutralizar o eliminar al rival.

Conflicto motivacional

Existencia de dos o más respuestas tendentes a la consecución de objetivos, de la misma intensidad, e incompatibles entre sí. Es decir, el deber de elegir entre dos opciones ante la imposibilidad de conseguir los dos objetivos al mismo tiempo.

Contenidos

Conjunto de conocimientos o habilidades que el alumnado debe alcanzar para el logro de los objetivos propuestos.

Contenidos actitudinales

Se refieren al desarrollo de actitudes, normas o valores. Se pueden resumir como "saber ser" o "saber estar".

Contenidos conceptuales

Son aquellos que están referidos a conocimientos teóricos, están constituidos por hechos, datos, principios o teorías. Se podrían simplificar como "saber".

Contenidos procedimentales

Son aquellos referidos al desarrollo de habilidades o procedimientos prácticos, consisten en tareas, procesos o estrategias técnicas. Se pueden entender como "saber hacer".

Contexto

Situación particular del ambiente donde se desarrolla la comunicación. Constituye todo el entorno en el que se produce la comunicación.

Dinamización grupal

Consiste en aplicar las técnicas y acciones necesarias para fomentar la participación, la interactividad y la comunicación grupal.

Educación

Proceso por el cual el ser humano se forma y se define como persona, teniendo en cuenta las diferencias y peculiaridades que se darán en el proceso dependiendo del individuo y la sociedad particular en la que tenga lugar. Se puede entender la educación en un sentido amplio y de **formación integral del individuo,** en el que se incluyen los procesos de enseñanza y aprendizaje.

Educación de personas adultas

Designa la totalidad de los procesos organizados de educación, sea cual sea el contenido, el nivel y el método, sean formales o no formales, ya sea que prolonguen o reemplacen la educación inicial dispensada en las escuelas y universidades, y en forma de aprendizaje profesional, gracias a los cuales, las personas consideradas como adultos por la sociedad a la que pertenecen, desarrollan sus aptitudes, enriquecen sus conocimientos, mejoran sus competencias técnicas o profesionales o les da una nueva orientación, y hacen evolucionar sus actitudes o su comportamiento en la doble perspectiva de un enriquecimiento integral del hombre y una participación en un desarrollo socioeconómico y cultural equilibrado e independiente. (**UNESCO**).

Emisor
Persona que transmite el mensaje, es decir, el que envía información a su interlocutor.

Empatía
Se trata de ponerse en el lugar del otro. El emisor de la información debe ponerse en el lugar de quien la recibe para poder tener en cuenta el punto de vista del otro. Es recomendable que el docente empatice con el alumno, compartiendo sus inquietudes y prestándole apoyo en todo momento.

Escucha activa
Supone el saber escuchar, realizando el esfuerzo por comprender lo que se oye en el sentido más amplio.

Estilos de aprendizaje
Rasgos cognitivos, afectivos y fisiológicos que sirven como indicadores relativamente estables, de cómo los discentes perciben, interaccionan y responden a sus ambientes de aprendizaje.

Estilos docentes o pedagógicos
Repertorio de comportamientos pedagógicos repetidos o preferidos, los cuales caracterizan la forma de enseñanza.

Estrategias metodológicas
Acciones concretas y planificadas mediante las que se desarrolla el proceso de enseñanza-aprendizaje para alcanzar los objetivos propuestos, y sirven al docente/formador para el manejo de las actividades cotidianas.

Evaluación diagnóstica
Evaluación que se realiza previamente al desarrollo de la acción formativa para conocer el punto de partida del alumnado, nivel de conocimientos respecto al tema tratado, experiencias, características, recursos de la entidad, etc.

Evaluación
Actividad o proceso sistemático de identificación, recogida o tratamiento de datos, sobre elementos o hechos educativos, con el objetivo de valorarlos primero, y sobre dicha valoración, tomar decisiones (*García Ramos, 1989*).

Feedback o retroalimentación
Mensaje enviado como respuesta por el interlocutor, que indica si el contenido ha sido recibido y el grado de aceptación. Si no existe, no habrá comunicación, sino que solo se producirá transmisión de información.

Flipped Classroom o Clase al revés
Modelo que consiste en programar para el aula las actividades más activas, la parte práctica, y dejar para casa las actividades menos activas, en las que el alumnado tome contacto con la base teórica de contenido, necesaria para llevar a cabo la práctica.

Frustración
Estado motivacional que se identifica cuando el cumplimiento de una necesidad se ve impedido o bloqueado por algún obstáculo.

Grupo
Estructura que emerge de la interacción de los individuos y pasa por un proceso mediante el cual se conforma y adquiere identidad. El grupo no es, sino que se constituye y pasa por diversas etapas durante su existencia.

Guía didáctica
Documento donde se recogen todos los contenidos e información relativa a la acción formativa en particular, y sirve de apoyo al alumnado para la realización de la misma.

Habilidades docentes
Habilidades que necesita el personal docente para desempeñar las distintas funciones que debe llevar a cabo durante el desarrollo de la acción formativa.

Habilidades sociales
Conductas o actitudes que dotan a la persona que las posee de una mayor capacidad para lograr los objetivos que pretende, manteniendo su autoestima y sin dañar a las personas que le rodean.

Interferencias o barreras comunicativas
Obstáculos que surgen en el proceso comunicativo y que pueden impedir que el receptor interprete adecuadamente el mensaje que el emisor, en este caso docente, esté emitiendo.

Mediación
Forma de resolver conflictos entre dos o más personas, se trata de un proceso estructurado por el cual las personas enfrentadas se reúnen en presencia de una tercera persona imparcial, el mediador, y buscan soluciones de forma conjunta.

Memoria
Función psicológica compleja que consiste en la capacidad de almacenar y recuperar lo aprendido y vivido.

Mensaje didáctico
Mensaje que se encuentra determinado por la intencionalidad educativa del docente y los objetivos didácticos recogidos en el programa formativo.

Mensaje
Idea o información que transmite el emisor al receptor, es decir, es el contenido de la comunicación.

Metodología educativa
Procedimientos didácticos que se seguirán para la consecución de los objetivos propuestos.

Métodos de investigación
Métodos de enseñanza que pretenden profundizar en los conocimientos.

Métodos de organización
Métodos en los que se trabaja sobre los conocimientos que ya se poseen, se destinan a establecer normas sistemas para la correcta ejecución de una tarea.

Métodos de transmisión
Métodos se encuentran enfocados a transmitir conocimientos, actitudes o destrezas que son nuevas para el alumnado.

Métodos
Determinan los procedimientos didácticos para la consecución o logro de los objetivos propuestos, los pasos a llevar a cabo de forma ordenada, y en ellos deben fundamentarse las estrategias.

Microenseñanza
Simplificar la complejidad normal del proceso de enseñanza-aprendizaje bajo diferentes factores que son susceptibles de ser entrenados.

Módulo formativo
Bloque coherente de formación asociado a cada una de las unidades de competencia que configuran la cualificación acreditada mediante el certificado profesional.

Motivación extrínseca
Este tipo de motivación está en contraposición al de motivación intrínseca. Mediante la misma el individuo siempre va a buscar un beneficio externo, bien puede ser dinero, comida, etc.

Motivación intrínseca
Es el estado subjetivo que promueve o mantiene la realización de una actividad por la actividad misma, sin esperar recompensa externa.

Motivación
Fuerzas que actúan sobre un individuo para iniciar y dirigir su conducta en un determinado sentido.

Objetivos didácticos
Son las metas o fines que se pretenden alcanzar con el desarrollo de la unidad didáctica.

Objetivos específicos
Reflejan el comportamiento que se desea lograr en cada uno de los procesos que componen la competencia. El logro de todos los objetivos específicos debe asegurar el logro del objetivo general. Se formula con mayor concreción que los objetivos generales, pero aún resultan poco útiles para la evaluación.

Objetivos generales
Expresan la competencia que se pretende adquirir. Su enunciado refleja el comportamiento final, por lo que se trata de un verbo de acción general y difícilmente observable y medible.

Objetivos operativos
Concretan el objetivo específico, definiendo de forma observable y medible los criterios que deben demostrarse.

Percepción
Proceso mental que consiste en recibir, elaborar e interpretar la información proveniente de los estímulos del entorno mediante un proceso nervioso superior.

Plan de Acción Tutorial
Instrumento que sirve de orientación al docente, en el que se establecen las líneas de actuación y pautas para la gestión y planificación de la tutoría, especificándose todas las acciones y procesos que han de llevarse a cabo durante el desarrollo de la acción formativa.

Proceso de aprendizaje
Acción de instruirse y el tiempo que se dedica a dicha acción, así como el procedimiento por el cual una persona es entrenada para dar solución a unas determinadas situaciones.

Proceso de enseñanza
Proceso o procedimiento por el cual se transmiten los conocimientos o saberes, ya sean generales o específicos.

Programación didáctica
Relación ordenada y estructurada de los diferentes elementos que conforman la acción formativa y que guiarán los procesos de enseñanza-aprendizaje.

Psicología de la Gestalt
Corriente psicológica moderna, que afirman que cada elemento puede ser percibido de forma distinta por cada persona, que se va a encontrar influenciada por su experiencia y trayectoria vital.

Receptor
Persona que recibe la información que proviene del emisor, es decir, a quién va dirigido el mensaje.

Recursos educativos
Cualquier medio, persona, material, procedimiento, etc., que con una finalidad de apoyo, se incorporan en el proceso de aprendizaje para que cada alumno alcance el límite superior de sus capacidades y potenciar así su aprendizaje (*Sánchez, 1991*).

Recurso didáctico o pedagógico
Material que en un contexto educativo determinado sea utilizado con una finalidad didáctica o para facilitar el desarrollo de acciones formativas.

Rol
Conjunto de normas, comportamientos y derechos definidos social y culturalmente, que se espera que una persona cumpla o ejerza de acuerdo a su estatus social, adquirido o atribuido.

Seguimiento

Proceso de supervisión realizado por el docente sobre las actividades y acciones realizadas por el alumnado, con el objetivo de corregir oportunamente las posibles desviaciones en los resultados.

Sesión formativa

Espacio temporal en el que se imparte el contenido formativo o parte del mismo, correspondiente a una unidad o módulo formativo, desarrollándose una planificación concreta de las acciones a llevar a cabo.

Técnicas didácticas

Son recursos muy concretos que el docente usa para llevar a la práctica los propósitos planteados desde la estrategia.

Teleformación o *e-learning*

Metodología de formación que se desarrolla a través de las Nuevas Tecnologías de la Información y Comunicación, las cuales posibilitarán la interrelación entre todas las partes implicadas en el proceso de enseñanza-aprendizaje aunque se encuentren en diferentes lugares.

Temporalización

Establecimiento de periodos para las diferentes acciones a llevar a cabo, creando un calendario de ejecución de los bloques que componen la acción formativa.

Unidad de Competencia

Agrupación de tareas productivas específicas que realiza el profesional. Son el agregado mínimo de competencias profesionales que pueden ser reconocidas y acreditadas.

Unidad didáctica

Elementos que intervienen en el proceso de enseñanza-aprendizaje con una coherencia metodológica interna y por un período de tiempo determinado.

Bibliografía

Monografías

→ ALLEN, D. y RYAN, K.: *Microenseñanza. Una nueva técnica para la formación y el perfeccionamiento docentes.* Buenos Aires: Editorial El Ateneo, 1978.

Este manual plasma el desarrollo de una propuesta pedagógica innovadora llevada a cabo en la asignatura "Práctica de la Enseñanza" durante el ciclo lectivo 1996.

→ ÁREA Moreira, M., SAN NICOLÁS Santos, M. B. y FARIÑA Vargas, E.: *Buenas prácticas en las aulas virtuales en la docencia universitaria semipresencial.* Salamanca: Universidad de Salamanca, 2010.

Este artículo presenta el diseño y el resultado de un estudio realizado en la Universidad de la Laguna para identificar buenas prácticas de aulas virtuales en la docencia universitaria.

→ CAÑAS Tirado J. M.: *Dinámicas de grupo en la educación secundaria, técnicas de aplicación.* Jaén: Celeste Ortega, Íttakus, Sociedad para la información S. L., 2010.

Este documento analiza aspectos útiles para favorecer la interacción entre los alumnos y el estudio de aspectos relacionados con la formación de grupos y el conocimiento de las técnicas de dinámica de grupos.

→ CHIAVENATO, I.: *Administración, proceso administrativo.* Bogotá: McGraw-Hill, 2001.

Este libro presenta un análisis de las diversas teorías administrativas. Se enfatiza en las tareas, la estructura organizacional, las personas, la tecnología y el ambiente para demostrar que estas cinco variables deben considerarse en conjunto de modo sistemático para reflejar la complejidad y la heterogeneidad de las empresas.

→ DEWEY, J.: *Experience and Education.* New York: Collier Books, 1938.

Es un pequeño libro que proporciona un análisis breve sobre la educación y su calidad, además de la importancia de los procesos sociales e interactivos en el aprendizaje.

→ GARCÍA Aretio L.: *Bases, mediaciones y futuro de la educación a distancia en la sociedad digital*. Madrid: Editorial Síntesis, 2014.

En esta obra se analizan las bases teóricas, los recursos y herramientas, los métodos, las tecnologías y el futuro de la educación a distancia en el contexto de la sociedad digital. En este sentido, se reflexiona sobre las nuevas formas de aprender y de enseñar que la sociedad requiere, donde juega un papel muy importante la comunicación, así como sobre las nuevas tendencias tecnológicas y metodológicas que están irrumpiendo con fuerza.

→ GROS, B.; MAS, X. (coords.) *La comunicación en los espacios virtuales: Enfoques y experiencias de formación en línea*. [s.l]: Editorial UOC, 2014.

En este libro, varios docentes y expertos del ámbito de la formación en línea describen sus experiencias, visiones y reflexiones en torno a la comunicación en los espacios virtuales.

→ JOHNSON Y JOHNSON: *Applied multivariate methods*. Universidad de Michigan: Duxbury Press, 1998.

Expone diferentes ejemplos de la vida real y explica el "cuándo", "por qué" y "cómo" de numerosos métodos multivariantes, haciendo hincapié en la importancia y la aplicación práctica de cada uno. Él mantiene los detalles técnicos al mínimo para una mayor comprensión del estudiante.

→ LÓPEZ-BARAJAS Zayas, E. y SARRATE Capdevila, M. L.: *La educación de personas adultas: reto de nuestro tiempo*. Madrid: Editorial Dykinson, 2002.

Este artículo presenta algunos retos a los que debe hacer frente la sociedad actual, así como propuestas que habrá que tener en cuenta si se quiere favorecer las actuaciones en este campo.

→ MASLOW, A.: *Motivación y personalidad*. Madrid: Ediciones Díaz de Santos, 1991.

La base de este libro se fundamenta en una jerarquía de necesidades, que su autor plantea dentro de su teoría de la personalidad, organizadas de forma estructural (como una pirámide), de acuerdo a una determinación biológica causada por la constitución genética del individuo.

→ SARTO Martín, M. P. y VENEGAS Renauld, M. E.: *Educación inclusiva: enseñar y aprender entre la diversidad*. Salamanca: Editorial Kadmos, 2009.

Este manual desarrolla esta temática a partir de la educación como derecho universal y por tanto, presenta la educación inclusiva como la mejor alternativa para cumplir y satisfacer el derecho de todos los niños a educarse.

→ SUÁREZ, C. y GROS, B.: *Aprender en red. De la interacción a la colaboración.* Editorial UOC. Barcelona, 2012.

En esta obra se intenta describir cómo se pueden aprovechar las ventajas que aporta Internet al contexto educativo, centrándose en las estrategias didácticas y actividades de aprendizaje colaborativas. En este sentido se establecen unas pautas de actuación para el diseño de este tipo de actividades.

→ TUCKMAN, B. W.: *Conducting educational research.* New York: Harcourt Brace Jovanovich, fifth edition by Wadsworth, 1999.

Este texto se centra en la realización de una investigación educativa, aborda a fondo los componentes del diseño de la investigación y la metodología. Aporta numerosos ejemplos prácticos que ayudan a reforzar los conceptos más importantes.

→ VV. AA.: *Manual de ayuda para la formulación de proyectos sociales.* Madrid: Fundación Luis Vives, Ministerio de Trabajo y Asuntos Sociales, 2005.

El objetivo de este manual es servir de apoyo a la mejora de la formulación de las iniciativas presentadas a distintos organismos de forma que se garantice la correcta gestión y ejecución de estos programas, además de la evaluación de los resultados obtenidos.

→ VV. AA.: *Tecnologías para la educación.* Barcelona: Paidós, 2004.

Se trata de una obra que plantea y aborda temas diversos y complejos en torno al papel de las TIC en la educación.

Textos electrónicos, bases de datos y programas informáticos

→ Agencia Estatal. Boletín Oficial del Estado, de: <https://www.boe.es/>.

De acuerdo con el Real Decreto 181/2008, de 8 de febrero el Boletín Oficial del Estado, diario oficial del Estado español, es el medio de publicación de las leyes, disposiciones y actos de inserción obligatoria.

→ Centro europeo para el desarrollo de la formación vocacional, de: <http://www.cedefop.europa.eu>.

El Centro Europeo para el Desarrollo de la Formación Profesional (Cedefop) es el organismo de referencia de la UE para asuntos referentes a la formación profesional. Ofrece informaciones y análisis sobre los sistemas, las políticas, la investigación y la práctica de la FP.

→ Comunidad Moodle, de: <http://moodle.org>.

Es una aplicación web que ayuda al docente a crear comunidades de aprendizaje en línea. Se trata de una herramienta muy útil en el ámbito educativo.

→ INCUAL, Instituto Nacional de las Cualificaciones, de: <https://incual.educacion.gob.es/>.

Fue creado por el Real Decreto 375/1999, de 5 de marzo. Es el instrumento técnico, dotado de capacidad e independencia de criterios, que apoya al Consejo General de Formación Profesional para alcanzar los objetivos del Sistema Nacional de Cualificaciones y Formación Profesional.

→ Informe de la XIX Asamblea General de la UNESCO, Nairobi, 1976, de: <http://UNESCO.org>.

Se trata de un informe en el que se aborda la importancia de la educación, en concreto, el desarrollo de la educación de adultos como parte integral del sistema educativo, en la perspectiva del aprendizaje a lo largo de toda la vida.

→ Instituto Nacional de Tecnologías Educativas y Formación del Profesorado, de: <https://intef.es/>.

Es la unidad del Ministerio de Educación y Formación Profesional responsable de la integración de las TIC en las etapas educativas no universitarias. Tiene rango de Subdirección General integrada en la Dirección General de Evaluación y Cooperación Territorial que, a su vez, forma parte de la Secretaría de Estado de Educación, Formación Profesional y Universidades.

→ La educación de adultos es importante, de: <https://www.uil.unesco.org/es/la-educacion-de-adultos-es-important>

Artículo del Instituto para el Aprendizaje a lo Largo de Toda la Vida, de UNESCO, en el que se desarrolla el concepto actual del Aprendizaje y Educación de Adultos (AEA) como base para el desarrollo de las sociedades y elemento fundamental para el cumplimiento de los Objetivos del desarrollo Sostenible (ODS) de la Agenda 2030.

→ La calidad en la formación del profesorado del sistema educativo y de los certificados de profesionalidad, de: <https://www.google.com/url?sa=t&source=web&rct=j&opi=89978449&url=https://dialnet.unirioja.es/descarga/articulo/6039916.pdf&ved=2ahUKEwjZ5lOupoaFAxVqTKQEHdHlAGoQFnoECBAQAQ&usg=AOvVaw1N3-iqpOZ_PPgst8fSZ0N4>.

Artículo que analiza la calidad en la formación del equipo docente, tanto del sistema educativo como de los certificados profesionales. Se explora la relación entre la calidad de la formación docente y la calidad de la enseñanza, resaltando la importancia de que el equipo docente posea las competencias pedagógicas y didácticas necesarias para desempeñar su labor de manera efectiva además de la experiencia profesional en su rama.

→ Las competencias docentes de la formación para el empleo, de: <https://www.redalyc.org/pdf/3498/349851787043.pdf>.

Artículo que aborda la formación profesional para el empleo y el papel del equipo docente en este ámbito. Se destaca que los cambios en el sistema económico y productivo han cuestionado la relación entre formación y empleo, centrándose ahora en las competencias profesionales.

→ LUCHENA Mozo, G. M.; MORENO González, S.: Metodología docente y evaluación en la formación online o E-learning: experiencia en la Universidad de Castilla-La Mancha [en línea]. Universidad de Alicante. Instituto de Ciencias de la Educación, 2014, de: <http://rua.ua.es/dspace/handle/10045/41964>.

En este artículo se parte de la premisa de que gran parte de la clave del éxito de los modelos de aprendizaje en entornos *e-learning* reside en la metodología docente empleada para garantizar un proceso de aprendizaje significativo en el alumno, así como en la correcta evaluación del mismo. En este sentido se aborda la planificación y desarrollo de recursos, materiales, actividades, herramientas e instrumentos de formación, seguimiento y comunicación adecuados al medio utilizado.

→ Marco Europeo de Cualificaciones para el aprendizaje permanente, de: <https://europa.eu/europass/es/european-qualifications-framework-eqf>.

Es un marco común de referencia que relaciona entre sí los sistemas de cualificaciones de los países y sirve de mecanismo de conversión para mejorar la interpretación y comprensión de las cualificaciones de diferentes países y sistemas de Europa.

→ MORÓN Marchena, J. A.: Educación y personas mayores. Revista electrónica interuniversitaria de formación del profesorado [en línea]. Octubre 2014, vol. 17 n.º 1, pp. 107-121, de: <http://dialnet.unirioja.es/servlet/articulo?codigo=4736393>.

Este artículo analiza la situación de la población, cada vez más envejecida, y las nuevas necesidades educativas respecto a la misma, definiendo los principios educativos del aprendizaje a lo largo de la vida y destacando la importancia de la formación del profesorado

→ redCUED, Cátedra UNESCO de Educación a Distancia (CUED) , de: <http://redcued.ning.com/>.

Es el espacio de la Cátedra UNESCO de Educación a Distancia (CUED) para el intercambio, el debate, el análisis, la documentación, la investigación, etc., en el ámbito de la educación a distancia.

→ Servicio Público de Empleo Estatal, de: <http://www.sepe.es/>.

Es un organismo autónomo adscrito al Ministerio de Empleo y Seguridad Social. El SEPE, junto con los Servicios Públicos de Empleo de las Comunidades Autónomas, forman el Sistema Nacional de Empleo.